ブリーフ・セラピーの原則

実践応用のためのヒント集

J・F・クーパー著
岡本吉生
藤生英行 訳

Ψ
金剛出版

A primer
of
Brief-Psychotherapy

Japanese translation rights arranged with
W. W. Norton & Company, Inc.
through Japan UNI Agency, Inc.,Tokyo
printed in Japan

ブリーフ・セラピーの原則●目次

アンに

謝辞

思慮にとんだコメント、思いやりに満ちた寛大さと励まし、かけがえのない友情によって本書に貢献いただいた次の方たちに感謝したい。Lynn Johnson, Ph.D., Wil Hass, Ph.D., Nancy Bologna, Ph.D., Robin Cooper-Fleming, Psy.D., Max Hines, Ph.D., John Brose, Ph.D., Joyce Chung, M.D., Bob Lopno, M.A., Joan Dickinson, Ed.D., Bill O'Hanlon, H.S.。ノートン社のSusan Barrows Munroにはことさら謝意を表したい。

原典の正しい文脈とははずれているかもしれないが、ユーモアに満ちた引用のいくつかは次の資料から抜粋されたものである。一九八七年にDellから出版されたRichard Ledererによる“Anguished English” 一九三三年にDoubledayから出版されたRoss and Kathryn Petrasによる“The 776 Stupidest Things Ever Said” 一九六六年にDorset Pressから出版されたW. H. Auden and Louis Kronenbergerによる“The Viking Book of Aphorisms”「ショート・セッション」はNeal Crosbie and Paper Sharksの温かいお許しによって複写させていただいたものである。

ブリーフ・セラピーの原則

——実践応用のためのヒント集——

そうそう，治したのは私じゃなかった。それは外界からのパワーだったんだ。心に浮かんだ像や儀式が私にひとつの風穴のようなものを開けたにすぎないんだ。その穴があったからパワーが届くようになったんだ。

—— Black Elk

Festina lente（ゆっくりと急げ）

—— Suetonius

この本は話の筋が込み入りすぎていて物語性に欠ける。

—— Sam Goldwyn

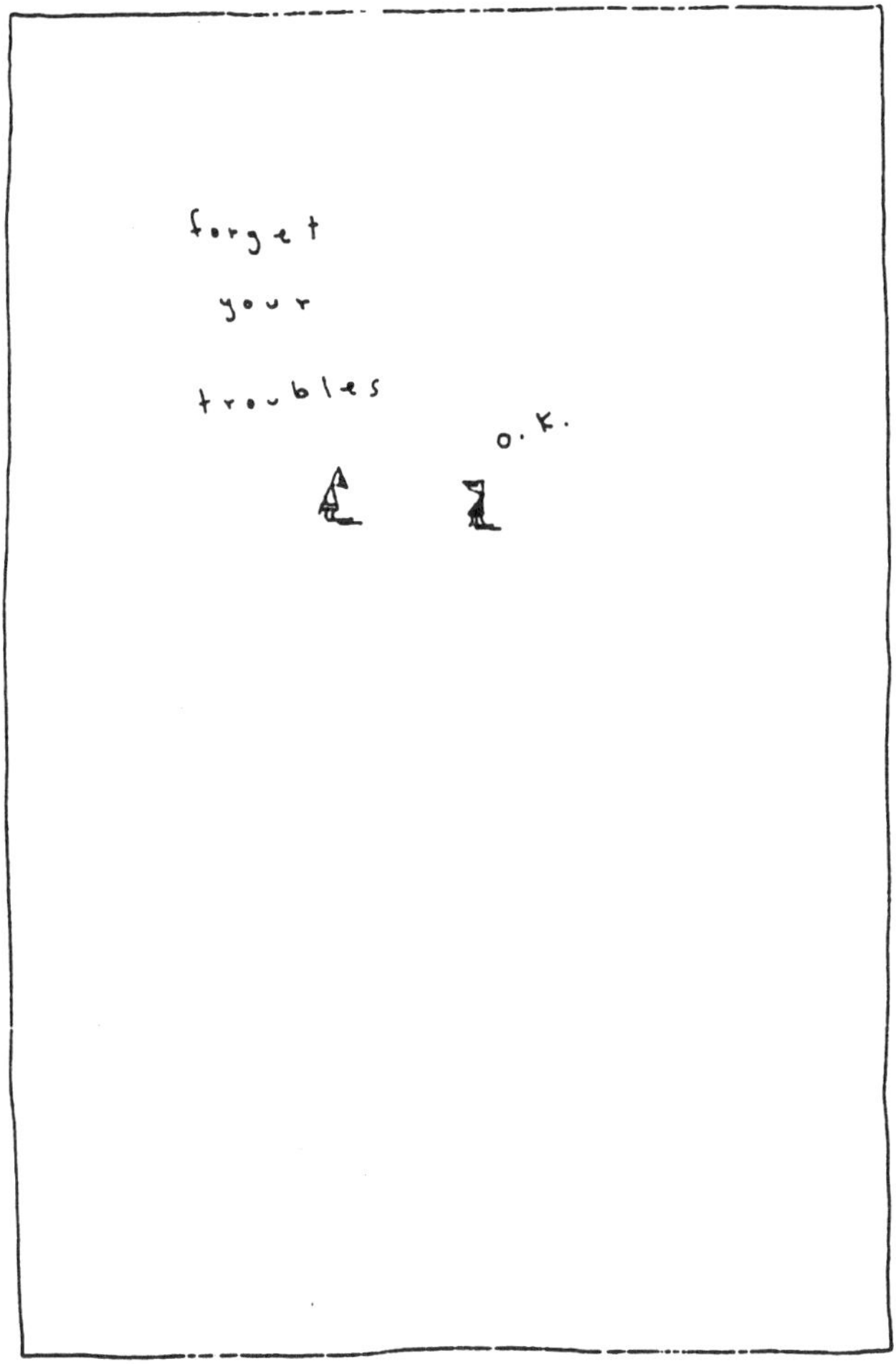
forget your troubles
o.k.

Crosbie

Short Session

【ショート・セッションから】
面倒なことは忘れたほうがいいよ。
うん
Crosbie

第一章　本書の利用法

本書は、ブリーフ・サイコセラピィ（ブリーフ・セラピー）のさまざまな側面に、また包括的で課題志向的なブリーフ・セラピーのモデルの実践的適用に、面白くてためになる案内役となることを意図して書かれたものである。

本書の特色のひとつは、大量の情報のなかからエッセンスの部分を抽出し、それをまとめているということである。このことは、読者の関心をそらさないために役立ち、アバディーン王（Lord Aberdeen）が来客にふと「ただひとつ遺憾なのは、あなたが短期滞在でないことです」と口をすべらせてしまったような心情にさせないためでもある。

他方、本書のような接近法をとったのは、ブリーフ・セラピーについてかなり徹底的に研究した文献のなかにみられるちょっとした深みにはまることを割愛したい意図もある。本書がブリーフ・セラピーの文献を包括的にレビューするための代わりの書になるなどとは考えてはならない（もっとも、巻末の文献のなかには、よい資料がたくさん見つけられよう）。これと同じように、セラピストなればこそ得られる多様な経験や最良の訓練ないしスーパービジョンや、そこらから生まれる知識や技能（スキル）に本書がとって代わろうとするものではない。

本書のもうひとつの特色は、ブリーフ・セラピーに関するセラピスト各自の考えをまとめ促進するための手助けとすることを目的としており、どのような治療であっても避けられない偶然の要素を予想しようとしたり、ある特定の理論だけに盲従したりすることを目的としていないということである。そうすることで、セラピストは、効率的な心理療法をそれぞれ自分にあった効果的なモデルに組み立てていく作業に迫られるからである。

本書の心臓部分は、典型的なセッションにおいてクライエントに用いる具体的なステップや戦略についての実践概要についてのべたところである。場合によっては、例を引きながらこれらのステップについての説明もなされている。読者は、解決志向的セラピー、システム的／戦略的心理療法、認知―行動療法、対人関係的セラピー、そしてわずかに力動的心理療法からの影響を認めるかもしれない。しかしながら、このような概要や例は、多様な形態に共通する一般原則をもとにしてうち立てられたひとつの包括的なブリーフ・セラピーのアプローチであるとみなすのがもっとも適切である。多種多様な問題にブリーフ・セラピーをどのように適用するかについてのより詳細な説明は、巻末の文献でとりあげた数多くの資料のなかからみつけることができる。

迅速にレビューすることができるように、節によっては要点のまとめからはじめられ、それからさらに詳細な議論へとつづいているところもある。それと同じように、最初に知識クイズがあるのは、ブリーフ・セラピーの実践を支持するデータを示すためである。

本書で示される概念のいくつかを、読者が自分の臨床実践に統合するときには、自分にしっくりするやり方で試してみるとよい。その場合、一度にほんのひとつかふたつくらいの考えを試すにとどめる。それは、あなたやクライエントがそうした考えにどれだけ好感がもてるのかを観察するためである。あなたがこうありたいと望む結果を得るのに必要なこととして、調整したり即興したりすることにあなた自身が自由な気持ちでいるべきである。

結局のところ、次のような点が本書の目標であり本書の成功の鍵をにぎっている。つまり、あなたやあなたのクライエントにもっとも機能するような複数の理論や技法は、よく考えながら統合し、かつ選択して適用するということである。

◇ブリーフ・セラピー知識クイズ◇

以下のクイズは、あなたの思考を刺激するように、ブリーフ・セラピーにまつわる情報をいくつか提供しようと作成されたものである。クイズの解答ならびにブリーフ・セラピーについてのさらなる解説は、クイズの後に掲載してある。しかし、あらかじめクイズの解答や解説を見ることは、結果の気がかりなブリーフ・セラピストといえどもスポーツ精神に反するように思われる。

■1　ブリーフ・セラピーというのは新しい概念である。

正しい　まちがい

■2　はっきりとブリーフ・セラピーだといえるのは、数にしてだいたいどれくらいのアプローチがあるか?

(a)　1～5

(b)　5～10

(c)　15～25

(d)　50以上

■3　ブリーフ・セラピーについてもっともいいあてている説明はどれか？

(a)　患者にとって必要な治療を否定する第三者である大規模支払人《訳注：保険会社など》のたくらみ

(b)　健康保険機構（health maintenance organization；HMO）が独占する領域

(c)　かなりの数にのぼる有能な臨床家が好んで実践し、これから有望となる治療的アプローチ

(d)　他の治療的アプローチとは相容れないもの

■4　もしかすると他の施設の場合でも同じなのかもしれないが、とにかく公営の外来施設などでみられる患者の訪問回数のうち、もっとも一般的なのは何回か？

(a)　3

(b)　8

(c)　1

(d)　10

■5　セラピーにたった一回だけくるような患者の割合はどれくらいか？

(a)　30〜55パーセント
(b)　5〜10パーセント
(c)　15〜20パーセント
(d)　20〜35パーセント

■6　ブリーフ・セラピーは長期療法（long-term therapy）よりも効果が乏しい。

正しい　　まちがい

■7　長期療法について良好な結果があるという研究がある。

正しい　　まちがい

■8　ブリーフ・セラピーは、実施されるセラピーのセッション回数を制限することに主たる関心がある。

正しい　まちがい

■9　ブリーフ・セラピストとしてふさわしい姿勢は、次のうちどれか？

（a）患者の生活のなかでセラピーがもっとも重要なことでなければならない。

（b）セラピストは、一般に、患者にとって何が最善かを知っている。

（c）患者に時間的な制約があることをたびたび思いださせたり、目標に向けてせかせたりすることは、良好な結果をうながす。

（d）患者の示す抵抗や否認というのは、そのようなものは存在しないものとして無視するか、あるいは真の問題を隠蔽しているものとして根気強く直面化されなければならない。

（e）上記のどれも違う。

■10　本来の性質からして、もっともブリーフ・セラピーの要素に乏しいものは次のうちどれか？

（a）対人関係療法

（b）認知―行動療法

(c) 伝統的な精神分析
(d) 戦略的家族療法

■11 一連の心理療法の流れにおいて患者の訪問回数の平均はおよそどれくらいか？
(a) 22〜26回
(b) 6〜8回
(c) 10〜12回
(d) 16〜18回

■12 ブリーフ・セラピーの標準的な技法で〈ない〉ものは、次のうちどれか？
(a) リフレーミング
(b) 注意深く生育歴を聴取すること
(c) 真の問題に目を向け、当初の訴えを無視すること
(d) ジョイニング
(e) 認知的再構成

■13　患者がどれくらいのセッション回数を求めているかという点について、セラピストと患者は同意見であるのがふつうである。

正しい　まちがい

■14　治療からのドロップ・アウトは、ほぼ例外なく治療への不満により生じる。

正しい　まちがい

■15　ブリーフ・セラピーに欠かせない特徴で〈ない〉ものは、次のうちどれか？

（a）すばやいラポールの形成
（b）初回セッションで治療の焦点や治療計画を明確にすること
（c）改善の妨げとなるものに一定のパターンがあるかどうかに関心を払うこと
（d）そこにいる患者だけでなくコミュニティにある資源にもたよること
（e）「いま、ここで」の範囲で起こる変化に力点をおき、それは、小さくて、明確で、しかも達成可能なステップを踏みながら、最終的には気づくことのできる結果が得られるように行われる。

■16　人格障害には、ブリーフ・セラピーは禁物（禁忌）である。
正しい　　まちがい

■17　他の問題とともに物質の乱用もしくは依存があるときには、ブリーフ・セラピーは禁忌である。
正しい　　まちがい

■18　ブリーフ・セラピーにおいて、（異論があるかもしれないが）あまり重要で〈ない〉問いはどれか？
（a）なぜいま？
（b）なぜ？
（c）それでどうしたというの？
（d）いまどうしたというの？
（e）なに？

■19　分裂病や双極性うつ病といったかなり重篤な障害の治療には、ブリーフ・セラピーは禁忌である。

正しい　まちがい

■20　ブリーフ・セラピーは関係の進展よりも治療技法を強調する。

正しい　まちがい

クイズの答え

1　**まちがい。** 実のところ、フロイトは二、三回の訪問だけで多くの患者を診ていたという〔Bloom, 1992〕。フェレンツィ〔Ferenczi, 1920〕はかなり迅速な分析的アプローチを推し進めたし、アレクサンダーとフレンチ〔Alexander & French, 1946〕は大きな母集団をより短い期間で作業する先鞭をきった。哲学の領域から注釈を加えるなら、クライエント志向のアプローチはソクラテスがさきがけであろう。彼は認知的「産婆学（midwifery）」を実践したが、そのなかで、問うことが生徒にすでにある知恵を引き出すのに用いられた。

2　D。〔Bloom, 1992; Budman, Hoyt, & Friedman, 1992; Koss & Butcher, 1986〕。「ブリーフ・セラピー」という考えは、実のところ、非常にたくさんの、いまなお増えつづけている特定のアプローチに共通する治療原則やそれらの基礎となる価値観のことを指している。たいていのブリーフ・セラピーは、それぞれ関連する特徴によって、（戦略的構造派を含めた）認知‐行動的思考か精神力動的思考かにほぼ大別される。

3　C。ただし、Aについて語るのはもっと興味深い。保険会社は必要な治療を拒否しようとたくらんでいるのではないかとも考えられたが、このことをはっきりと証明することはできなかった。もう少し明らかなことをいえば、保険の適用範囲や診断がある一定の部分について除外されているのは、保険証券を買い手に手ごろなものにしようとしたり、あるいは保険金を支払う者にとってももっと利益になるような保険にしようとしたりするためである。商売の世界では、これをいかがわしい知恵であるなどと思ってもいない様子である。

4　C。（〔Bloom, 1992; National Institute of Mental Health〔NIMH〕1981〕を参照のこと）。

5　トリックのような設問。A（〔Hoyt, Rosenbaum, & Talmon, 1992; Talmon, 1990〕を参照）またはD（〔Pekarik, 1990a; Pekarik & Wierzbichi, 1986〕を参照）のどちらでも正解である。したがって、患者のうち二〇パーセントから五五パーセントがセラピーに一度だけきている見込みになる。

6　**まちがい。**しかし、ことによるとこれも意地悪な設問といえるだろう。以下で議論され、バッドマンとガーマン〔Budman & Gurman, 1988〕のなかでもとり上げられている長期治療と短期治療の定義を参照されたい。コスとブッチャー〔Koss & Butcher, 1986〕は、長期的セラピーと短期的セラピーとを直接比較した研究はほとんどないが、それでもわずかにある研究から、これらには同じくらいの治療効果があるということを見いだした。ただし最近は、多くの障害に対して認知的そして行動的要素から組み立てられる治療が好まれる傾向にある（〔Lambert & Bergin, 1994; Shapiro & Shapiro, 1982〕を参照のこと）。また、治療効果を比較することができるかどうかということも、方法論や実践内容がまちまちであるという理由から未解決の問題となっている。もっとも重要かつやっかいなことは、理論的でないデータもしくは基準となるデータが、それぞれの状況に固有で特殊なものでありながら、そのデータがそのまま比較・使用されてきているということである〔Beutler, 1991; LeShan, 1990; Persons,

1991〕。長期治療の効果を支持するのにもっとも頻繁に引用される研究は、ハワード、コプタ、クラウスとオルリンスキー〔Howard, Kopta, Krause, & Orlinsky, 1986〕のものである。彼らは、セラピーの効果が時間とともに着実に増大するということを発見した。しかしながら、ペカリク〔Pekarik, 1990b〕によると、彼らの研究というのは標準的でない実践にもとづいたものであると批判している。とりわけ彼らの研究では、個人開業や公共の精神保健施設での基準をはるかに超えた来談回数が中央値になっており、それとともに、セラピストによる評定結果が強調され、「いつもとは違う」場面設定が用いられ、さらにアプローチも力動的なものと「対人関係的な」ものに限られている。ハワードら（〔1986; Orlinsky & Howard, 1986〕を参照のこと）でさえも、クライエントに改善を評定してもらうという方法を考慮に入れたところ、治療成果は初期のセッションのほうに不釣合いなほど偏っていたというのである。

7　**まちがい。**〔Koss & Butcher, 1986; Pekarik, 1990a, 1990b〕。事実、セラピーについての研究は、訪問回数が二〇回未満の患者の「正式とは認めがたい」短期治療に関するものがほとんどである。さらに、長期療法を構成しているものは何かという見解についてもはっきりしていない。

8　**まちがい。**ブリーフ・セラピーは、もっとも効率的だと思われるような方法で良好な治療結果を提供することに主たる関心がある。ブリーフ・セラピーは、患者が望ましい結果に到達するのにどれだけ効率的かということに比べれば、行われるセッション回数が何回であろうとあまり関係がない。したがって、一定期間だけをみると、ブリーフ・セラピーのほうが「長期」アプローチよりもセッション回数の多い場合もある〔Budman & Gurman, 1988〕。焦点をうながすためにあらかじめ時間制限を設定したり、あるいはそれについて話し合ったりすることを唱える臨床家もいれば（たとえば、〔Butler, Strupp, & Binder, 1992; Mann, 1973〕）、進展具合についての評価を初期段階および定期的に行ってはどうかと示唆することで、時間設定をもっと暗黙裡に行う臨床家もいる〔Johnson, 1991a, 1991b〕。時間制限をあからさまに定めることが治療的であるとの考えを支持する研究もある（たとえば、〔Sledge, Moras, Hartley, & Levine, 1990〕）。しかし、圧力を受け、せかされた気持ちになるようなセラピーは、短期治療としてりっぱなものとはいえない。

9　**E。**

10　C。たいていのブリーフ・セラピーと一致しないのは、次のような点である。分析的作業のなかには受動的でなんとなく権威主義的なアプローチがあること。患者が気づいていない内的葛藤を理解もしくは解決することを主眼としていること。目標や治療結果の規準がしばしばあいまいなこと。抵抗という概念を想定していることから、治療に時間がかかり訪問も頻回におよぶことが当然のように要請されること。さもなければ、治療予定に柔軟性がなかったり、それが治療者側の勝手な判断でなされたりすること。

11　B。〔Garfield, 1986, 1994〕。

12　C。

13　まちがい。ペカリクとフィニィ‐オーウェン〔Pekarik & Finney-Owen, 1987〕が明らかにしたところによると、セラピストは、患者自身が見積もるセッション回数の三倍が患者に必要なセッション回数であると信じているという。しかし、患者の見積りのほうが外来での治療における実際の訪問回数の平均にはるかに近い〔Budman & Gurman, 1988; Pekarik, 1990a〕を参照のこと）。

14　**まちがい。**これは、単一変数によるのではなく、おそらく対人関係の変数から個人の都合上の変数といったものまでも含む相互作用的な変数による複雑な現象だと思われる〔Garfield, 1986, 1994〕。多くのドロップ・アウト者は、自分の進展には満足しているものの、このことを伝達することには失敗している〔Bloom, 1992; Pekarik, 1990a〕。良心的なブリーフ・セラピストなら、ドロップ・アウト者をなおもフォローアップしようとするだろう。受理面接の段階で、活動的に具体的にしかも積極的に介入することは、患者の満足や患者を治療に引き留めておくことにいわゆる敬礼効果（salutory effect）があるだろう〔Adams, Piercy, & Jurich, 1991; Mohl, Martinez, Ticknor, Huang, & Cordell, 1991; Sledge et al., 1990〕。

15　トリックのような設問。**どれもブリーフ・セラピーの特徴である。**

16　**まちがい。**ブリーフ・セラピスト（たとえば、〔Pekarik, 1990a〕）によっては、とくに人格変容を支持する証拠が十分にそろっていないという理由から、患者の具体的な訴えの治療とは無関係な人格など扱わないという者もいる。しかしながら、ウィンストンら〔Winston, 1994〕は、「ブリーフ」というには少々異論があるかもしれないが（四〇セッション）、二つの力動的アプローチを用いた統制された研究でさまざまな人格障害に好結果をもたらしたことを報告している。レイボビッチとラザルス〔Leibovich, 1981; Lazarus, 1982〕は重篤な人格障害を力動的に治療して好結果が得られたことを報告しているが，それは具体的で制限的でありながら「敬意をこめた」やり方で援助がなされたためであろうとその成功理由をのべている〔Donovan, 1987〕。ドノバン〔Donovan, 1987〕は，力動的なアプローチをとるブリーフ・セラピストは，歴史的にいえば，やっかいな人格を治療対象から除外してきたけれども，「発病のもとになっている患者の病因性の信念（pathogenic beliefs）」に焦点をあてながら作業をすると，たいていの患者を短期的に治療することが可能であると注記している。ベックら〔Beck, 1990〕の観察によると，人格障害のある患者と作業するさいには，認知 - 行動療法の場合は直に人格に焦点をあてるのではなく，自己効力といった人格に関連するその他の特定の問題に焦点をあてるのだという。ひるがえって言えば，これがより広汎な人格変容をもたらすことになるのだということを示している。バッドマンとガーマン〔Budman & Gurman, 1988〕はセラピーに「邪魔となる」人格障害を短期的に治療するさいの統合的な方法について概観している。それに対して，シアリンとリネハン〔Shearin & Linehan, 1989〕は，ブリーフ・セラピーの原則とも一致する「メタ逆説的（metaparadoxical）」アプローチを境界性人格障害に適用している。

17　**判断しかねる。**　バッドマンとガーマン〔Budman & Gurman, 1988〕は、数多くの物質乱用者に対して精神保健治療を行わないときのかなり標準的な実践について追跡している。薬物療法および心理療法の両面からみて、精神保健治療を行うことに賛成できない理のとおった議論がある（たとえば、〔Dubovsky, 1993; Gitlin, 1990〕）。これらは、たとえば、抑うつと過剰なアルコールの摂取とは分かち難い関係があることに力点をおいたものである。しかしながら、認知的方法〔Beck, Wright, & Newman, 1992〕や解決志向的方法〔Berg & Miller, 1992b; Todd & Selekman, 1991〕のなかには、物質乱用者との生産的な作業が可能であるという洗練された議論が出版されるまでになっている。ここでは、行動変容に向けた動機づけがどれくらいのレベルであるかを正確に査定すること〔Prochaska, 1992〕を参照のこと）、患者が変化しようとするレベルに合わせて患者と協働作業を行うこと、首尾よく回復の方向に向かうことを成果として利用すること、といったことが強調されている。

18　**B。**　厳密な戦略的思考に反して「なぜ」と問うことは、うつ病には甲状腺機能障害という具合に、行動を左右するような器質原因を除外したり、適切な介入計画を立てるためのクライエントの思考を理解したりするのに重要なことがある。「なぜ」という問いはまた、クライエントの新しい気づきをセラピストが戦略的に「導く」方法としても都合がよい。これ以外にも、行動について「なぜ」と問うことにたくさんの時間を費やすことは、とりわけ強迫的なクライエントとの作業では、問題について現実に何かを実行する代用品になることがしばしばある〔Watzlawick, Weakland, & Fisch, 1974〕。セラピストが始終「なぜ」と問いたい誘惑にかられてしまうときの最善の解決策は、仮説を立てたくてたまらないという衝動が消えてしまうまで、じっとしているよりほかにないということなのかもしれない〔O'Hanlon & Wilk, 1987〕。設問におけるその他の問いかけは、一般に、セラピーを前進させるように意図されているものである。

19　**まちがい。** 経験からしても人口統計学的にいっても、ブリーフ・セラピーを禁忌とする実質的な理由は何もない〔Bloom, 1992〕。ブリーフ・セラピスト、とりわけ力動的アプローチを中心におくセラピストのなかには対象者が治療にふさわしい人物かどうかによって厳密に選別する者もいるが、これはあくまで理論ベースでの考え方であり、このような考え方が、ひいてはブリーフ・セラピーを制限的に理解したり、慢性病や「困難」とされる患者との作業を制約したりする結果をまねくことになる。器質性、一貫性、動機づけといった点について、効果的かどうかで同様の制限を設けることは、ブリーフ・セラピー的にアレンジされた長期治療にも適用される〔Bloom, 1992; Budman & Gurman, 1988〕。さらに、とかく困難とされる患者につきものの問題の多さは、治療の優先順位、治療の焦点、小さくて具体的なステップをたどること、治療の進展具合の定期的な評価、補助的支持の活用の設定といったブリーフ・セラピーならではの特徴によってかかる時間をオーバーする指標である。困難とされる患者との作業についての具体例は、ブリーフ・セラピーの文献のなかで見つけることができる（たとえば、〔Freeman & Dattilio, 1992; Wells & Gianetti, 1990, 1993〕）。

20　**まちがい。**技法は重要であるが、肯定的な作業関係を発展することに比べると、それは補助的なものにすぎない。もしこの点についての誤解があるのなら、治療関係の進展具合の重要性に十分な注意をうながさなかった熱心すぎるブリーフ・セラピーのワークショップの発表者や著者にそのルーツがあるのかもしれない。セラピストは、どのように関係が形成され、どういった具合に治療が話し合われるかについて、単に役割としてその責任を負うだけでなく、そういった事態そのものにもかかわっているという意味での責任も負っているのである。

第二章　ブリーフ・セラピーとは何か？

「ブリーフ・セラピー」とは、セラピストが満足のいく解決を展開するために、できるだけセッション回数を少なくするセラピーのことを単に意味するにすぎないのであり、たとえ一回であっても必要以上にセッション回数を増やすことなどしない。

――スティーブ・ドゥ・シェイザー〔1991a, p.x〕

キーとなる特徴のまとめ

ブリーフ・セラピーには多くの形態があるが、ともかくそれは、焦点化された目的的な方法で一定の概念や原則を計画的に用いるということに特徴がある〔Wells, 1993〕。ブリーフ・セラピーは効果とともに効率も重視する。多様なブリーフ・セラピーの根底に共通するものとして、あるひとまとまりの臨床的特徴と価値指向性とがある〔Pekarik, 1990b〕。

ブリーフ・セラピーにおける技法上の特徴には以下のものが含まれる。

1　明確で具体的な治療の焦点を維持すること。
2　時間を意識的および良心的に利用すること。
3　目標を、明確に定義された結果のあるものに限定すること。
4　介入は現時点でのことを重視すること。
5　迅速な査定をすることと、治療のなかに査定を融合すること。
6　治療の進み具合を頻繁に振り返ることと、効果的でない介入を放棄すること。
7　セラピストとクライエントに高いレベルの活動性があること。
8　技法を実用的かつ柔軟に用いること。

ブリーフ・セラピーが共有する価値には以下のものが含まれる。

1　実用性（pragmatism）、倹約性（parsimony）、および最小の立ち入った治療（treatment）を重視することで、治療は「治癒（cure）」と対比される。
2　人の変化は必然的に起こるものと認識すること。

3　クライエントの強さや資源、および表出される訴えの正当性を重視すること。
4　たいていの変化はセラピー外で生じると認識すること。
5　クライエントのセラピー外の生活はセラピーよりも重要であると保証すること。
6　セラピーがつねに援助的とは限らないというスタンスをもつこと。
7　セラピーは「永久的な（timeless）」ものではないという信念をもつこと。

「ブリーフ」セラピーは、「長期」セラピーと対照的に定義されるのがふつうである。しかし、治療にかかるカレンダー的な時間もしくはトータルな訪問回数という点に関してだけいえば、どちらの概念もきまって不明瞭になってしまうのがつねである。

実際、長期治療では中断がよく起こるが、他方、短期治療ではひどい虐待やトラウマといった難問のためにそのつど治療が織り込まれる仕組みになっているため、結局治療が何年にもわたるという事態が起こることもある（たとえば、〔Dolan, 1991〕を参照）。

解釈といった特定のセラピストの用いる活動に限らず、支持や保証といったセラピストならだれでも用いる諸要素を含めると、長期治療も短期治療もその治療プロセスには多くの共通点があり、このことを考慮に入れると、ブリーフ・セラピーの全体像はいささかぼやけたものになってくる〔Koss & Butcher, 1986〕。さらにいえば、対人関係の要素と技術面の要素との相互性がどんな効果的な治療にも密接にからみ合っている、ということについては異論がなくなりつつある。ブリーフ・セラピーといえども好ましい技術がなければ、たとえば焦点が不在だったり治療関係の吟味がおざなりだったり〔Sachs, 1983〕すれば、あるいはそれは、ウィニコット〔Winnicott〕のいう満足な「ホールディング環境（holding environment）」が達成されないところの援助と同じくらい無意味なものといえるかもしれない〔Rubin & Niemeier, 1992〕。

長期セラピーについては、それは安定像のある個人の生育歴を繰り返すことである、といった簡潔な定義が試みられてきた〔Budman & Gurman, 1988; Budman, Hoyt, & Friedman, 1992〕が、ブリーフ・セラピーについては、それをあっさりと定義することがなかなかできないもののように思われる。定義するさいの問題の一部に、ブリーフ・セラピーには実にさまざまなものがあるということがあげられる。それには目下五〇を超える形態があり（部分的なレビューをしたものとして、〔Koss & Butcher, 1986〕を参照のこと）、いまもなおその数を増しつつある。それにもかかわらず、たいていのブリーフ・セラピーにみられるものとして、いくつかの共通原則だけでなく、本質的特徴や共通の価値体系といったものもある〔Bloom, 1992; Koss & Butcher, 1986; Koss & Shiang, 1994; Pekarik, 1990b; Wells, 1993〕。

1　明確で具体的な治療の焦点を維持すること

これがブリーフ・セラピーの主要な特徴であることはほぼ間違いなかろう。問題がいくつもあるときには優先順位がつけられる。焦点の変更は協議の対象となる。患者が治療で達成しようと努力していることにずっと焦点をあてていられるよう、セラピストがその手助けをする。治療目的もしくは治療の進捗状況について混乱がみられるときは、すぐさま混乱していることに目を向ける。

2　時間を意識的および良心的に利用すること

セラピストや保険業者によっては、治療の開始時に、どうして治療を受けたいのかという動機づけに関する理由や、どうしてこれほどまでに費用がかかるのかというコスト面に関する理由から訪問回数を制限する者もいる。さらに、単極性うつ（〔Shaw, Katz, & Siotis, 1993〕を参照）もしくはパニック障害（たとえば、〔Barlow & Craske, 1989〕）といった障害の多くは、構造化され時間制限的な介入にとりわけ反応しやすいことが示されてきた。しかしながら、この原則が本質的なところで意味していることは、時間をある状況の求めに応じて柔軟に利用するということであり、どのクライエントも一週五〇分の訪問を一律に必要とし求めているということが想定されているのではない。

3　目標を、明確に定義された結果のあるものに限定すること

目標はクライエントと話し合われ、問題領域内に限って定義される。達成可能で、観察することができ、行動面について定義された結果となるようにすることが重要である。というのは、このことが、目標を達成できそうだという楽観性やうまくいきそうだという認識を増大させるからである（目的的な目標設定がどれほど安寧の感覚に役立つかを議論するには、〔Csikszentmihalyi, 1990〕を参照のこと）。

4　現在のストレスや症状に焦点化すること

ブリーフ・セラピストは、問題の発展に生育歴や生物学の影響があることを無視しない。また、自分の過去について理解したいと考える（行動に「なぜ」と問う）クライエントと時間を過ごすことも回避しない。しかしながら、ブリーフ・セラピーでは、過去から現在に向けた比較的すばやい関連づけを重視する。というのは、これこそ変化が起こる場所だからである（だからこそ、われわれは「なぜ」を知るのであり、これこそ、いま何が？を問うことにほかならない）。また、多くの人たちが「症状除去」で満足し、症状がなくなると治療もやめてしまう傾向にあるということもブリーフ・セラピーでは認識されている（たとえば、〔Pekarik, 1983〕）。

5　迅速な査定をすることと、治療のなかに査定を融合すること

ブリーフ・セラピストのなかには（たとえば、〔Peters & Waterman, 1982〕の業績にもとづいた〔Johnson, 1991a; O'Hanlon & Weiner-Davis, 1989〕）、正しい方向にスタートすることがブリーフ・セラピーの特徴だとされ、これは「準備、発射、照準（ready, fire, aim）」ともいわれる。問題についての作業診断もしくは作業仮説が正当だとされるにたる情報が得られるやいなや、試行的解決が話し合われ試される。こうして、実行しながら診断についての絶え間ないプロセスが進んでいく〔Wells, 1993〕。ブリーフ・セラピーにたいていみられるこのような戦術は、どうもセラピストの経験や自信やスキルから得られる賜物のようである。セラピストには、いつでも喜んで「間違い」をしでかす気持ちと、場の状況に応じてその間違いをすすんで調整する気持ちとが求められる。

6　治療の進み具合を頻繁に振り返ることと、効果的でない介入を放棄すること

「何か違ったこと」をしようとする意欲は、たとえそれが予想した結果とならなくても、失敗としてとらえられるべきではない。むしろ、もし町から追放されるところなら、先頭をいき、まるでパレードのように見せるのである。結局、役に立たなかった介入が

もっといい解決とは何かをはっきりさせるための好機ともなる、ということである。

7　セラピストとクライエントに高いレベルの活動性があること

協働作業というコンテクストにおいては、セラピストは活動的であり、指示的で挑戦的ですらある。問いかけたり教育したり仮説検証的であったりすることは、ブリーフ・セラピーを構成する共通の相互作用的な要素である。セッションとセッションのあいだに治療の進展をうながすための「宿題」（何か具体的なことを実行したり考えたりすること）をクライエントに出すのが一般的である。

8　情動を表現するための安全で心地よい環境を創りだすこと

慎重に感情を呼び起こすことが「治癒」要因であるとするブリーフ・セラピストがいるかと思えば、変化に対する認知的あるいは行動面での影響に相対的な重点をおく臨床家もいる。しかしながら、ブリーフ・セラピストならたいていだれでも、クライエントが適切に情動を表現することができるような思いやりやいつくしみに満ちた雰囲気を築こうとする。

9　治療技法を実用的かつ折衷的に用いること

マット・クラメール〔Matt Kramer, 1989〕によれば，米国におけるテクノロジーは，ワインづくりとは何かを定義するのではなく，ワインづくりをどれだけ人のもてなしに使えるようにするかということを指すようなものだという。ブリーフ・サイコセラピーにおける技法もワインづくりのテクノロジーと事情は同じである。広範におよぶ最新の研究や実践に精通することによって，セラピストは患者の個人的なニーズに応じた，より効率的で信頼のおける，そして満足のいく治療を仕立てることができるのである。

アプローチによるブリーフ・セラピーの相違

逆説的だが，それぞれに固有なブリーフ・セラピー間の相違について細かく数え上げたり分析したりすると，究極的にはそれらの類似性にまで及んでしまうことがよくある。

理論的にはそれぞれのアプローチごとに確かに差異が存在するが，実践的にはこれらの差異がどの範囲まで「純粋に」適用されるかについては定かでない。これは，部分的にいえば，心理療法のアプローチを創始する人たちが（それを模倣する人たちも同様だが），他人にはとてもまねのできそうにない個性の持ち主である（そのことに比類のなさがよくみられる）ことにその理由があるのかもしれない。一例をあげれば、サルバドール・ミニューチン〔Salvador Minuchin〕は、「この国に必要なことはたくさんの非理論である」といわんがために、自分以外のもう一人の因習打破主義者であるカール・ウィタカー〔Carl Whitaker〕を引き合いに出したという〔Neil & Kniskern, 1982, p.viii〕。

実際、経験豊かな臨床家というのは、それぞれの形態こそ異なれ、実用性や意図においては類似の介入法を用いる傾向がある。しかもその介入には、彼ら独自のパーソナリティや経験、それに場の要求するものといったことが反映されている。ドノバン〔Donovan, 1987〕の提供する例はこのことを示している。短期力動的セラピストとして訓練を受けた彼は、クライエントの「発病のもとになっている病因性の信念」に変更を突きつけることで、力動的アプローチの適用範囲をさらに拡張している。彼の呼ぶところに従えば、この種の信念は認知機能よりも人格構造に近いものであるという。とはいっても、このような信念が認知的視点に酷似している点は注目に値する。

いくつもあるアプローチの一つひとつをあまりに厳密に区別しようとしすぎると、それぞれのアプローチを不当に二分化してしまう危険を冒すことにもなる。たとえば、たとえほとんどが暗黙裡であったとしても、「戦略的」心理療法の技法面ばかりに目がいきすぎるあまり、その本質である高度に対人関係的な性質がおざなりになってしまうということはままあることである。それと同様に、たいていの力動的アプローチでも、セラピーにおける対人関係の要素が精神内界のそれと同じくらい重要であると現在では考えられているのである〔Bloom, 1992〕。

このように考えると、ブリーフ・セラピーを精神力動的、認知的、あるいは戦略‐構造的な特徴によって大きく区分することが可能かもしれない〔Peake, Borduin, & Archer, 1988〕。さまざまなブリーフ・セラピーの形態にあるたいがいの相違点は、精神力動的理論にのっとっているのか、それとも認知‐行動的理論にのっとっているのかによってどうも説明可能なようだが、とにかくそのどちらについても人間関係の影響を考慮した対人関係的心理療法((interpersonal psychotherapy, IPT)〔Klerman, Weissman, Rounsaville, & Chevron, 1984；また Weissman & Markowiz, 1994〕も参照のこと）であることが両者に共通している妥協点である〔Bloom, 1992；また Jones & Pulos, 1993〕も参照のこと)。対人関係の影響を考慮した心理療法、つまりIPTは変化に果たす対人関係のプロセスの役割を明確に強調し、対人関係の問題をクライエントの現在症状と結びつけようとするものである。表2‐1は、ブリーフ・セラピーのアプローチのなかからいくつかを選んで比較したものである。

短期精神力動的アプローチ（Brief Psychodynamic Approaches)

ブリーフ・セラピーが発展するにつれ、戦略‐構造的および認知‐行動的アプローチは、力動的アプローチ以上に好まれる傾向にある模様である〔Lambert & Bergin, 1994; Wells, 1993〕。これは、どちらが効果的かという問題を別にすると、短期力動的セラピーが、動機づけがあり洞察が可能性であるという意味で、機能的な患者（functional patients）のセレクトをたいへん重視するために、自らの適用範囲を限定してしまっていることによるのかもしれない。さらに、転移と逆転移、焦点となる精神内界の葛藤を直面化させ解釈すること、そしてほとんどの場合で、終結に心理的重要性をおいていること、といった点を強調していることも力動的ブリーフ・セラピーの特徴である〔Ursano, Sonnenberg, & Lazar, 1991〕。

数多くの力動的アプローチの特徴にみられる相違は、ブルーム〔Bloom, 1992〕によってレビューされている。治療目標を限定し、焦点となる葛藤を特定し、治療対象としてふさわしい患者を正確に選び出して治療を行うことが大切であるとするマラン〔Malan, 1963〕の主張が、力動的ブリーフ・セラピーにおいてかなり広い影響を及ぼすようになっている。しかしながら、彼の考える「ブリーフ」というのは四〇セッションである。それに比べ、マン〔Mann, 1973〕のアプローチは、セッションの回数を制限することが患者に「現実」を直面させることになるという理由から、一二セッションという制限を厳格にとらえている。

デイバンルー〔Davanloo, 1979〕の行う転移解釈は、とかく怒りを触発させてしまう傾向があるが、これはもともと対象を転移神経症に限って開発されたものである。彼自身は、ちょう

表２－１　ブリーフ・セラピー対照表＊

アプローチ	クライエントの受容率＊＊	基本的な治療の焦点	キーとなる技法
力動的			
Mann	低い	分離不安	転移解釈
Davanloo	低い	前エディプス的,エディプス的葛藤	直面化。解釈
Gustafson	低いから中程度	人生早期のトラウマから生じた「誤謬」	共感的仲間関係。解釈
Wolberg	中程度から高い	表明している訴え	柔軟性。解釈
Sifneos	低い	エディプス的葛藤	直面化。解釈
対人関係的	中程度から高い	対人関係的な役割論争，移行，欠損。深い悲しみ	コミュニケーションと意志決定分析。選択肢の拡張
認知―行動的			
Beck	高い	認知の歪み	協働的経験主義 認知的再構築
Ellis	中程度から高い	不合理な信念	合理的な論ばく。宿題
戦略的			
Erickson	高い	表明している問題	直接的，間接的暗示
解決志向	高い	表明している問題に内在する解決	戦略的質問。例外の利用

*　一部はDonovan(1987)より引用

** 推定された比率は，著者の臨床的な報告，他のコメント，あるいは利用可能な選択基準にもとづいている。

どシフニオス〔Sifneos, 1992〕が「不安喚起療法」として行っているように（実際には、この名称から連想されるよりも彼のアプローチはずっと穏やかで支持的であるのだが）、自らのアプローチを適用範囲の広いものであると考え、重症な病理に対してさえも適用可能であるといっている。ウォルバーグ〔Wolberg, 1980〕とグスタフソン〔Gustafson, 1986〕のアプローチは、どちらもけっして絵空事のように現実離れしたものではない（グスタフソンは治療を初回セッションの連続と見なしている）。とりわけウォルバーグにいたっては、「教示（teaching）、リラクセーション・テープ、催眠、訓戒、直接暗示、精神活性薬（psychoactive drugs）、カタルシス、信仰（faith）、幸運の数え上げ、夢解釈、そして危機介入」といった方法を統合している〔Bloom, 1992, p.42〕！

認知－行動的アプローチと戦略的アプローチ

力動的ブリーフ・セラピーと対照的に、認知－行動的理論は、いまある問題の査定とその問題の除去とを強調し、セラピストとクライエントが相互に決めた目標を達成するために実証にもとづく多様な技法を用い、自己効力（self-efficacy）の獲得に労を尽くすのが一般的特徴である〔Peake et al., 1988〕。これらのアプローチは、治療について厳密に実証的な見方をしようとする方向よりも、構成主義者（constructivist）を生み出す方向へと動く傾向にある。つまりこれは、人が創りだす個人的な意味に現実があり、その現実の枠内で作業することが治療効果を高めることになると考える立場である〔Mahoney, 1993〕。

認知 - 行動的アプローチや戦略的アプローチのグループに入るセラピーは、おそらく、その数や多様性という点で力動的アプローチをしのいでいるように思われる。しかし、力動的セラピーの多くがそうであるように、認知 - 行動的アプローチや戦略的アプローチのグループに入るセラピーもしばしば特定の実践家たちとのつながりをもっており、彼らの多くは訓練や治療を共同で行ってきたという経緯がある。

たとえば、戦略的セラピーはグレゴリー・ベイトソン〔Gregory Bateson〕の業績（例として、〔Broderick & Schrader, 1981〕）やミルトン・エリクソン〔Milton Erickson〕の業績（例として、〔Cade & O'Hanlon, 1993; Fisch, 1990; Lankton, Lankton, & Matthews, 1991; Zeig, 1982〕）に実質的な起源がある。エリクソンが行っていたような、病理にあまり重きをおかないやり方や催眠パラダイムをベースにした指示的な（しかし、しばしば間接的で隠喩的な）スタイルは、さらにヘイリー〔Haley, 1991〕によるプラグマティックな問題解決的アプローチへと精緻化されるにいたっている。ヘイリーはそれから、ミニューチンと強固な結びつきをもつようになった〔Aponte, 1992; Minuchin & Fishman, 1981〕。ミニューチンの家族治療への「構造的」アプローチは具体的で直接的な問題の解決に重点をおくものであるが、それは問題が露呈し維持されるような交流のプロセスを変えることによってなされる。

ＭＲＩのアプローチ（たとえば、〔Fisch, Weakland, & Segal, 1982; Segal, 1991; Watzlawick, Weakland, & Fisch, 1974; Weakland & Fisch, 1992〕）（ヘイリー、ベイトソンおよびエリクソンはまた、ＭＲＩのグループとの結びつきがある。）は、次のような点で構造的セラピーとも相違している。つまり、ＭＲＩのアプローチでは、たとえ問題が対人関係的でシステム的なものであると考えられても、表明されている訴えの解決には治療の焦点を特定の行動にしぼらなければならないとしている。クライエントの現実の枠内で作業を進めるなかで、ある行動がだれによってどのように問題として見られ、何がその行動を固定化すべく作用しているのかが重要となる。そして、問題解決の努力をすることで問題がどのように維持されているのかを考え、その問題をリフレーミングする。

ここに入るグループのアプローチをさらに多彩にしているのが、初回セッションに重点をおくシングルセッション・セラピー〔Hoyt et al., 1992; Talmon, 1990〕の「メタ理論的」視点や、ヤプコ〔Yapko, 1992〕によって重視されている催眠パラダイム、パターンの遮断、および再構築化といった方法である。

解決志向ブリーフ・セラピー〔de Shazer, 1985, 1988, 1991b; O'Hanlon & Weiner-Davis, 1989; Berg & Miller, 1992b; Walter & Peller, 1992〕は戦略的セラピーの重要なバリエーショ

ンのひとつであり、このアプローチで強調されているのは、表明されている問題への例外を構築し、クライエントもしくは問題のなかに本来ある解決法を明らかにし、さらにそれを推し進めるような方向に迅速に移行することをねらうということにある。

バッドマンとガーマン〔Budman & Gurman, 1988〕は、「なぜいま?」という治療的質問に焦点化されるような対人関係的および実存的な要素をふくむ統合化された発達的アプローチを強調している。また、レイド〔Reid, 1990〕は、問題解決的、力動的、行動的、認知的、および構造的要素を利用する統合モデルを提唱している。

ベック〔Beck, 1976〕やエリス〔Ellis, 1992; Ellis & Grieger, 1977〕らにその系譜をもつブリーフ・セラピーに特有なのは、クライエントが望んだ結果を得るために認知プロセスを変えることを強調するということである。これらは、系統的具体的で、しばしば精密な記録化を行い、仮説検証的で、行動パラダイムと社会的学習パラダイムとの融合をはかりながら、「認知‐行動的」アプローチの成立に貢献してきた（〔Freeman & Dattilio, 1992; Hawton, Salkovskis, Kirk, & Clark, 1989; Hollon & Beck, 1994; Lehman & Salovey, 1990〕を参照のこと）。

ブリーフ・セラピーの志向する価値

　個人の内にある治癒力に焦点化することだってありうるだろうという発想は、だれにでもそう簡単に思いつくことではない。ましてや、ガンが消え失せないとすれば、そのことを受け入れ、そうなることがもっとだと四六時中考えるような洞察を得ることなどとてもありえない。

――ラリー・ドッシイ〔Larry Dossey, 1993, p.34〕

　心理療法の実践は、それを実践する者の価値や信念といやがうえにも密接に結びついている。それゆえ、セラピスト自身もしくはセラピストの作業の内にある不要で無益な葛藤を避けるのに、自分にある価値観を明確にすることはセラピストとして当然の義務である。

　次の項目（〔Budman & Gurman, 1988〕から引用されたもの）は、長期治療や短期治療でよくみかける価値観をあらわしたものである。先に進む前に、読者自身の考えにもっとも近いものがこれらの項目のなかからどれだけあげられるか、その数をチェックしてほしい。

1 効果的な治療をするには、セラピーの基本的な特徴を変更する必要がある。
2 セラピーとは実用的・倹約的なものであり、セラピストの押しつけになってしまわない努力をする。小さなステップがしばしばより大きな変化を導く。
3 有意義な心理的変化というのは、セラピー外の日常生活ではどうも起こりそうにない。
4 心理的な変化や進展は必ず起こるものである。行動はほとんどたいてい利用可能であり、たとえ利用可能となっていなくてもそこには必ずやポジティブな次元がある。通常、「治癒（cure）」という概念は的はずれである。
5 表面に現れている問題というのは、ほとんどいつも、さらに深い病理を反映したものであり、それは、治療的に変化させることが可能であり、またそうあるべきである。
6 セラピーではクライエントにある強さ（strengths）や資源に重点をおくべきである。表面化していることがらは、いつもうわべに価値をおくというわけではないが、慎重に扱われるべきである。
7 セラピストは、クライエントの変化のために「そこにいる（be there）」べきだ。
8 クライエントの変化は、ほとんどではないにしろ、その多くがセラピー外で起こる。

9 セラピーには「時間概念を超越している（timeless）」という性質があり、それは、変化のためなら待つことも辞さないという気持ちをクライエントに求めることである。

10 治療にどれくらいかかるかわからないという時間概念を無視したセラピーなど、受け入れられなくて当たり前である。

11 心理療法は、ほとんどいつも有益であり害をもたらすことなどない。

12 心理療法は、助けになるときもあれば害になるときもある。

13 セラピーは、クライエントの生活のなかでもっとも重要でなければならない。

14 セラピー外のクライエントの生活は、セラピー以上に重要である。

偶数番号を選んだ数が多いほど、その人の価値観や信念はブリーフ・セラピーの志向しているものとウマが合うように思われる。もしも、偶数番号をあまりたくさん選ばなかったのなら、ブリーフ・セラピーの実践に深入りする前に、自分自身の臨床的好みの基盤となっているものが何かを検討してみるのがよかろう。

第三章　なぜブリーフ・セラピーを実践するのか？

効果的なブリーフ・セラピストとして大切なことは、価値志向性についての相性のよさであるといっても過言ではないが、それと同時に、経験からみて短期治療を行うのにどういった合理的根拠があるのかを理解することも大事である。次に、ブリーフ・セラピーを実践することが正当であることを示す主要な理由をあげてみたい。

1　たいていの患者は治療に長くとどまることがなく、たった一度しか治療にやってこない患者も多い。これは、これまでと違うことがすぐに患者に起こるような治療が求められている、ということを示すものである。

2　ブリーフ・セラピーは、たいていの患者が治療によせている期待と一致している。

3　治療結果に関する大半のデータからいえることは、計画されたブリーフ・セラピーと長期治療とはほぼ同程度の効果がみられるということである。しかも、このデータでは対象として選ばれたとみられるクライエントのタイプや問題の性質も広範囲にわたっている。

4　ブリーフ・セラピーは、早期のドロップ・アウトに関連する要因の多くを最小限に抑えることができるように思われる。

5　第三者である支払人《訳注：保険会社など》や調整代理人（regulatory agency）は、効率性と効果性の両方をますます求めるようになってきている。

6　倫理面についていえば、ブリーフ・セラピーは、患者の自律性を重視すること、インフォームド・コンセントを行うこと、押しつけがましい治療は最低限にとどめてからはじめること、といった保健医療（health care）の諸原則とも矛盾しない。

近年、心理療法をより短い形態にしようという認識がどんどん高まってきているが、それはさらに数多くの要因によって奨励されている。そのなかでも重要な要因は、精神保健医療（mental health care）にかかる費用が高額であると認知されるようになっていることである。その結果、効率的であるとともに効果的であるような治療に対する関心が、とりわけ第三者である大規模支払人のあいだで高まってきた〔Broskowski, 1991; Cooper & Thelen, 1991;

Townsend, 1992〕。このことが、管理的精神保健医療（managed mental health care）と一般に関連している「住民中心の実践管理（population-oriented practice management）」を生みだすこととなった。そして、管理的精神保健医療では、非常に多くの人たちが利用することのできる、またがだれにとっても使いやすい治療が求められるようになった〔Sabin, 1991〕。

過去二〇年において、健康保健機構（ＨＭＯ）の精神保健医療は際だった実践形態をとるようになってきている。これらのプログラムではどれにも共通する次のような特徴がある。（1）アクセスのしやすさ（accessibility）を重視すること（これはいつでも達成されているとは限らない）、（2）通院患者のケアを奨励すること、（3）医療現場と相互に接触をたもつこと、（4）集団のケアと個人のケアを比較考量すること、（5）折衷的な治療方法をとること、（6）種類の異なるさまざまな母集団に対して短期的形態をとるセラピーを重視すること〔Bennett, 1988〕。ブリーフ・セラピーは、健康保健機構（ＨＭＯ）の実践によって後押しされてきたような印象も見受けられるが、管理的保健医療の境界を越えてもさらに妥当性があると理解されるようになれば、あるいはもっと広く受け入れられるようになるかもしれない。

現在、計画的なブリーフ・セラピーの採用が、一般実務においてもどれくらいの成功をおさめているかははっきりしない。実践にはさらなる訓練を積むことが当然求められるブリーフ・セラピーを、実践家が受け入れるかどうかについて、さまざまな報告がなされている

〔Budman & Gurman, 1988; Koss & Shiang, 1994; Wells, 1993〕。

しかしながら、ブリーフ・セラピーがこれからも存続していくだろうということは、実際のところ、これほどまでに明らかなことはない。それは、ほかの諸要因とは無関係に、実践家たちが比較的少ない訪問回数で（六～八回、〔Garfield, 1986, 1994〕）外来の患者を診ているというデータからも示されているところである。この比較的少ない訪問回数は、患者自身に（必ずしもセラピストの見積もりである必要はない）どれくらいの訪問回数が治療に必要なのかを見積もってもらった結果（六～一〇回、〔Garfield, 1978; Pekarik & Finney-Owen, 1987〕）ときわめて一致している。また、この訪問回数は、治療成果の大部分がセラピーの初期段階で得られているという事実とも符合している〔Howard et al., 1986; Smith, Glass, & Miller, 1980〕。

そのうえ、外来の診療は一回かぎりの訪問が最頻値となることから、患者に何か違いをもたらすのに、セラピストには一回の訪問のチャンスしか与えられてないといっても決しておかしくないようである。このチャンスに関する考え方を知ることが大切なのである〔Hoyt et al., 1992; NIMH, 1981; Pekarik, 1990a; Talmon, 1990〕。さらに、「医療相殺（medical offset）」についで論じた文献をレビューしてわかることは、計画されたブリーフ・セラピーのコースについてはいうまでもなく、たった一回の治療面接であっても実質的には何年にもわたって患者が利用する医療サービスの回数を減らすことができるのである（〔Bloom, 1992〕を参照のこと）。

セラピーの効果について肯定的な結果を報告している研究のほとんどが二〇回もしくはそれ以下の訪問回数についてのべられており〔Budman & Gurman, 1988〕、このことは、あまり意図したものではないにせよ、短期治療の妥当性を暗に支持するものとなっている。長期治療と短期治療の効果を直接比較している研究でも、それと同じような結果が得られており〔Koss & Butcher, 1986〕、費用にみあった効率のよさが治療を選択するうえでの決定因となっている。ブリーフ・セラピーに関する主要な文献のレビュー（〔Bloom, 1992; Garfield & Bergin, 1988; Koss & Butcher, 1986; Koss & Shiang, 1994〕を参照のこと）にもとづくと、クライエントの母集団や問題の性質について実質的には広い範囲でブリーフ・セラピーの効果（ここでは治療選択の問題として論じられていることが多い）が確かめられ、それをひとつの真相と考えることができる〔Wells, 1993〕。

ブリーフ・セラピーをケアの否定であると連想する多くの臨床家たちの憶測とは裏腹に、実際には、より長期的なアプローチ以上に短期治療は、倫理実践にずっと調和しているのかもしれない。とくに、押しつけがましい手続きはとらないことを第一にし、（治療は協働作業であるため）患者に同意するか否かを知らせ、（訴えとしてのべられていることは慎重に扱われ、クライエントは治療の成功をにぎる中心人物であると考えられているため）患者の自律性を尊重する、といったブリーフ・セラピーの考えが倫理実践と調和しているのである〔Budman &

Gurman, 1988; Pekarik, 1990a; Wells, 1993〕。実際、ブリーフ・セラピーにはセラピーからのドロップ・アウトの割合を減じる役目があるかもしれない〔Pekarik, 1990a, 1990b; Sledge et al., 1990〕が、それはおそらく、ブリーフ・セラピーが消費者志向的であり（〔Epperson, Bushway, & Warman, 1983〕を参照のこと）、表面にはあらわれないにしても、時間的制約を焦点化しながら利用するためであろう。

なぜブリーフ・セラピーの実践をしないか？

どのような人や問題についても、より短期的なアプローチ（たぶん適切に行われている）の効果に「圧倒的」ともいえる証拠がある〔Bloom, 1990〕にもかかわらず、時間感覚に敏感な治療のなかで技術を高めることにためらう臨床家も多い。とくにためらいが多いのは、長期的な分析的もしくは力動的アプローチの領域で訓練を積んできたセラピスト〔Davanloo, 1979〕や、管理的医療での仕事に苦い経験をもつセラピスト〔Budman, 1998〕や、あるいは、訓練システムが十分に確立されずブリーフ・セラピーとは相容れない価値体系があるにもかかわらず、自らをブリーフ・セラピストであると宣言せざるをえない圧力が働きやすい職場環境での仕事にどうもしっくりこないセラピストたちである。

セラピストがブリーフ・セラピーの実践を手控える理由として、次のようなことが考えられよう。

1　治療を求める患者数はあまり多くないだろうと偏った認知をしてしまい、ケースの負担からいって実際どれくらいの活動をしなければならないかということに注意が向いていないこと〔Pekarik & Finney-Owen, 1987〕。このようにして、どの人にも実際以上の治療期間が必要であると臨床家は知覚するようになる。

2　治療に手をかければ、それだけ治療効果があがるという思い込みがあり〔Howard et al., 1986〕、だから、ブリーフ・セラピーは重篤な精神病理の治療にさいしてうわべだけのものになりやすいと信じて疑わないこと。

3　「永続的」もしくは包括的な変化を遂げようと努力するなかで、無意識的葛藤を明らかにすることこそがよりよいアプローチであるにちがいないと考えるセラピスト側の思い込み。だから、クライエントの語る表面的な問題など扱わない〔Berkman, Bassos, & Post, 1988; Hoyt, 1987〕。

4　より短期的な治療が長期療法と結果的に同等、あるいはそれ以上の効果をもたらすことに気づくことが、臨床家たちの「脅威」となっていることもある

〔Richardson & Austad, 1991〕。

5 結果の文書化〔Zimet, 1989〕や支出の最小化に関心をもつ組織が治療の利用度をチェックするなどのように、高まる外的コントロールによって自分たちの自律性が脅かされていると感じる実践家もいよう。

6 ブリーフ・セラピーを十分に学習する時間のない臨床家が、ブリーフ・セラピーの本質に関する仮定を誤解していることがある。（ある話題提供の場で、ブリーフ・セラピーがそれほどシステミックなものでなかったことをはじめて知りましたと、ある経験豊かな家族療法家がブリーフ・セラピーの指導者にコメントしたということがあった《訳注：もちろんこれは、皮肉であろう》。）

7 ブリーフ・セラピーに関する大学院生用のプログラムや体系的な訓練計画書が少ないこと〔Crits-Cristoph & Barber, 1991; Pekarik, 1990b〕。

8 ブリーフ・セラピーには懸命な努力が求められること。つまり、ブリーフ・セラピストには、活動性、注意深さ、焦点の選り分け、直観、危険を冒す勇気〔Hoyt, 1987〕のほか、幅広い分野での有能さも求められる。

9 セラピスト側の逆転移が困難なこと。つまり、好感のもてるクライエントとの治療の終了、必要とされたいという欲求、あるいは、当てにしている収入を失うことへの恐怖〔Hoyt, 1987〕。

10　ブリーフ・セラピーの方法は、ほかのセラピーではみられないくらい、非個人的で、機械的で、操作的で、あるいは公式的であるとする認識〔Cade & O'Hanlon, 1993〕。

この最後のブリーフ・セラピーに対する反論は、とくに、以下の二つの理由から注意しなければならない。（1）クライエントとの肯定的な関係がなければ効率のよい変化などとても起こりそうにないということから、もっとも効果的なブリーフ・セラピーでは、そうした関係の構築を率先して行うことが奨励されているという事実が無視されている。そして、（2）暖かさや思いやりを認知することは、おそらく、技法や実践の方向性ということよりも、そこにこめられている感情がクライエントによってどのように見えるか〔Rubin & Niemeier, 1992〕、あるいはその感情が個々のセラピストによってどのように伝達されるかということに、より深い関係があるだろうということである。たとえば、臨床家の一部がいだく期待とは逆に、クライエントは、精神力動志向的なセラピストよりも行動志向的なセラピストのほうが、開放的で、純粋で、開示的であると評定している〔Staples, Sloan, Whipple, Cristol, & Yorkson, 1976〕。いずれにせよ、短期治療にあまり親和的になれないということは、患者にとって質の高いケアとは何かという本質や、どうやったらそのような良質のケアを患者に提供できるかについて心から詳しく語ろうとする機会を逸してしまいかねないということを意味している。（アイルランド人の政治家である Sir Boyle Roche のことばを借りれば、「政敵がわれわれについて語る嘘のほんの半分が、事実と異なっているにすぎない」のかもしれない。）

ほかの例を引いてみよう。長期的な「深層」志向性があるということで非常に有名な、実存派のセラピストであるアーヴィン・ヤーロム〔Irvin Yalom, 1989〕が、「ペニー」という女性との出会いの物語を語っている。彼女は、自分の人生のなかで起きた重大な喪失体験によってずっと悩んでいた。彼女は、ヤーロムが研究休職をとるまでに残された三カ月のあいだ、彼に診てもらいたいという希望をもっていた。ヤーロムは、いつもどおりの面接を考えると、三カ月という期間ではとうてい「まともな」セラピーなどできるはずがないと信じていたことから、不本意な気持ちで彼女と会うことになった。良好な結果が得られ、患者も満足したにもかかわらず、「死の不安」を扱うまでにはいたらなかったセラピーの深さについてヤーロムはずっと満足できないでいた。ヤーロムは、自分がどうやって比較的短期間で患者の進歩を援助できたのかについてさらに検討を加えるのではなく、そうした患者の急激な進歩をむしろ例外的なものとしてみなした。別のことばでいうと、ヤーロムはどうも患者の体験を彼自身の期待や要望と一致させることができなかったのである。

「死の不安」という概念を用いるこうしたアプローチとは対立的な立場にあり、人を引きつけてやまない解決志向ブリーフ・セラピーについてはオーディオ・テープの入手が可能である。そのテープのなかで、エイズ（AIDS）に感染した売春婦は「理にかなった死に方」を望むのである〔Berg & Miller, 1992a〕。

実験：アポイントメントの予定をたてるのに、患者（できれば自殺志願でも精神病でもないことが望ましい）に主導的役割をとってもらう。

予測：早晩、隔週かそれよりもっと長い間隔という意味ありげな数が選ばれることだろう。治療の進捗予想を考慮に入れて訪問回数をもっと増やしてはどうかとセラピストが要求すると、実際の訪問の頻度は自然と減少していくだろう。依存性の高い患者ですら、もし依存しないですむ行動が強調され、急速に自立的な行動が築かれれば、これまた同じ結果となるだろう。彼らはまるで、かつてサミュエル・ジョンソン（＊1）〔Samuel Johnson〕博士が「元気になるまでのあいだだけそこにいてくれたら、元気になるコツを教えてあげてもよいのだが」と仲間にいったことを、語ってくれているようでもある。

＊1　Samuel Johnson（1709 - 1784）。イギリスの詩人、批評家。辞書編纂者としての才能にもすぐれていた。

第四章　ブリーフ・セラピーの手続き概要：治療のプロセス

この章は、本書の心臓部にあたり、ブリーフ・セラピーについての大まかな展望ができるだけたくさん盛り込まれている部分である。これは、ブリーフ・セラピー全般にわたるアプローチの方法を眺めるのに最適である。そして、研究や経験からわれわれの知りえたものを、特定のクライエントや問題に応じて具体的な援助ができるように、セラピストは「移植し接合」しなければならない。簡潔な実例や技法上の具体例もいくつか含まれている。

初回セッションに力点をおいているのは、十分に考えたうえでのことである。実際、ブリーフ・セラピーは初回セッションの連続としてみなしてよく、各セッションは、治療の焦点によってゆるやかではあるがしっかりと（しかし硬直しているのではなく）結びついている。

手続き概要の要約

Ⅰ　インテークの前の課題

A　事前にできるだけたくさんの経歴に関する情報を集める。
B　初回セッションの前に電話による接触がある場合、患者が治療にどのような期待をいだいているのかについて考えてもらい、患者による焦点化の手助けをする。
C　アポイントメントのための時間を厳密に設定し、それが決まればあっさりと終える。

Ⅱ　初回セッションの課題

A　肯定的な作業関係（Working Relationship）を築く。
B　治療の焦点（Treatment Focus）を見つける。
C　良好な結果を得るための基準を話し合う。
D　クライエントと非クライエント（Non-Clients）とを峻別する。
E　クライエントの動機づけのレベルを確認し、そのレベルに応じた介入をあつらえる。

F　きょうがいつもと少し違う日になるようなことを何か実行する。

G　宿題（Homework）を協議する。

H　質問／心配ごとのために時間をとっておく。セッションが援助的だったかどうかを評価する。

I　セッションを記録する。

III　第二回目以降のセッションにおける課題

A　提示されている問題についてどのような相互理解が得られたのかを振り返り、これまでのセッションの焦点を再検討する。

B　宿題を振り返る。

C　前回の接触後に、何がよくなっているのかをたずねる。また、どうやったらそうなったのかを聞く。

D　きょうがいつもと少し違う日になるようなことを何か具体的に実行する。

E　治療の進展や目標に沿って新たな宿題を話し合う。

F　セッションの実効性を査定する。人の望みがかなえられているか？

Ⅳ　成果の維持

Ⅴ　治療の終了

Ⅵ　結果の記録

Ⅰ　インテークの前の仕事

A　事前にできるだけたくさんの経歴に関する情報を集める。

1　患者に経歴票（history form）を記入してもらう。

この経歴票には、紹介元、過去に受けた治療経験、薬物（medications）の使用、物質（substance）の使用、この時期に来訪してきた理由についての質問事項が含まれる。自殺の可能性が選り分けられ、焦点となる症状を引き出せるような質問事項、できれば症状のチェック・リストの作成を検討する。

2　かつてヨギ・ベラ(*2)がいったように、「じっくり注意して見れば、たくさんのことが観察できる」。セッションの前や待合室での行動に注意を払う。(もちろんそれと同じく、セッション中の振る舞いにも注意する。) このことが、セラピストによるクライエントの理解を深めることになるだろうし、効果的な介入をよりすばやく導入することにもなる。

【例】

「うまく話し合えないというコミュニケーションの問題」でやってきたある夫婦は、待合室では仲良くペチャクチャとおしゃべりしているのに、いざインテークの段になると、妻は、終

*2　Yogi Berra。本名 Lawrence Peter Berra (アメリカ合衆国、一九二五年生まれ)。野球選手だった彼は、一九四三年から一九六三年までニューヨーク・ヤンキーズに所属し、ワールド・シリーズに一四回出場した(最多記録)。また、アメリカン・リーグの捕手最多ホームランも樹立した(三一三本)。ヤンキーズとニューヨーク・メッツの監督兼コーチ、ヒューストン・アストロズのコーチを歴任。もっとも有名なことばに「終わらないうちは終わりじゃない」というのがある。

始緊張し、口元をぎゅっと固く締め、煮えたぎるような怒りがこみ上げてきて仕方がない様子を示した。そこで、コミュニケーションの問題というのは、妻が怒りをあらわにした結果として感じられる不快な気持ちと関連して妻に経験されるものではなかろうかという、暫定的だが迅速な仮説が立てられた。さらにそれ以外にも、妻に案じるような行動がみられたことを考え合わせると、（けっしてうまくいっているわけではないが）自分の怒りで夫にとんだ被害が及ばないようにすることで、妻はなんとか夫の「力になろうと」しているのではないかと推測された。

B　初回セッションの前に電話による接触がある場合、患者が治療にどのような期待をいだいているのかについて考えてもらい、患者による焦点化の手助けをする。

たとえば、もし治療がうまくいったら、生活に何かこれまでと違ったことが起こるだろうかということを具体的に考えてみるよう、患者にたずねる。（ちなみに、ブリーフ・セラピストによっては、電話を活用して治療をどんどん先に進めようとする立場の者もいる。ただし、頻繁に接触することでへとへとになる感じがしてきたら、セラピストなしではクライエントは何もできないということを、セラピストがクライエントに少なからず伝達してしまっているのだということを思いだすとよい。)

C　アポイントメントのための時間を厳密に設定し、それが決まればあっさりと終える。

これはいわゆる礼儀正しさのことをいっているのではない。作業志向的な(work-oriented)調子をもち込み、セラピストとクライエントの時間や関係を大切に思い、治療もそのように進められるにちがいないということをクライエントに予感させるためである。

II　初回セッションの課題

この節では、短期的な操作の原型となるようなアウトラインをのべる。ブリーフ・セラピー全般についていえることだが、いくら技法が重要であるといっても、それはあくまで治療の一般原則に準じて用いられなければならない。

課題志向的であるということは、そこに方向性やいくぶんかの連続性があるわけだが、そのことをあまり硬直的に考えてはならないということに留意する。いくつかの課題がそれぞれ重なり合っていることもあるし、それらの課題が複数の目的を果たしていることもある。

したがって、たとえば、クライエントの問題を簡潔かつ共感的に言いかえることは、（クライエントとの関係構築に大切な）理解をうながす一方で、同時に、まだ表面化していない治療の焦点が何かを明確にするのにも役立つ。

ヒント：各セッションそれ自体が全体をなしていると考える。介入の道しるべは、表明されている問題の本質によったり、次のような「理論だけでは割り切れない（metatheoretical）」三つの疑問を問うたりすることで導かれる。

（1）患者はどう手をこまねいているか（何が問題を持続させているか）？
（2）患者が動きだすのに必要なものは何か？
（3）必要とされることを、セラピストはどうすれば導きかつ提供できるか？〔Hoyt, et al., 1992, p.62〕

A　肯定的な作業関係（Working Relationship）を築く。

どんなセラピストでも、肯定的な作業関係を迅速に築き、その関係を維持する方法を学ぶことはきわめて大切なことである。これは、時間をかけて徐々にできあがる関係の明白な価値を無視するのではない。とくに、アンビバレントな気持ちが強いクライエントや困難な問題には、時間をかけた関係づくりが大切である。しかしながら、肯定的な印象を形成するための機会がセラピストに無限に与えられていることなどそうはない。というのは、およそ人間というものは、お互いの関係について即座に判断しがちなところがあり、そしていったんなされた判断は容易に変更されないからである。

また、クライエントとの肯定的な作業関係は、相互過程の中で進行するものであるということをしっかり頭に入れておくことも大切である。そのさいとくに重要なことは、関係づくりがもっぱらセラピスト側の能力にかかっているということである。つまり、クライエントがセラピーの開始からどれだけ援助的な雰囲気の中でそれに没頭できるかは、セラピストの能力いかんであるということである。次のようなことがいくつか示唆される。

1　ほんの数分を顔見知りになるための建設的な時間として使ってみてはどうか。これは、おそらく経歴票（history forms）を補足するための一種のデータ収集としても役立てられる。ただし、経歴票を補足することそれ自体がセラピーに有用な情報をふんだんに提供してくれるわけでない。

2　セラピーのためのちょっとした教育を行う。セラピストとクライエント双方の治療に対する期待について話し合う。セラピーがどのような過程をたどるのか、そして、時間もしくは料金、さらには付加的治療をする場合はどうか、などといくつかの要素についても話し合う。

3　セラピストとしてどのような手助けができるのかを聞く。

この問いに対する典型的な応答は、「さあ、よく分かりません」というものである。とはいえ、人によってはきちんと答えられる者もいるし、そのような人たちはこうした質問をしてほしいと望んでいることもある。もっと大事なことは、セラピストが相談役として援助しようとしているのであり、けっして奇跡を起こす仕事人（miracle-worker）ではないという調子を醸しだすことである。ここでの質問は、さらに後になって、クライエントにとって上出来な治療といえるには何が起こる必要があるだろうかということを話し合うさいに、生産的に引き継がれる。

4　積極的傾聴（active listening）、共感（empathy）、そしてクライエント一人ひとりの見方を尊重していることを表す言語（language）を用いる。

クライエントの話すことばにペースを合わせ、そのことばを用いる。つまり、常識的な範囲で、クライエントの話す速度、口調、抑揚といった特徴に合わせるように努める〔Johnson,

1990〕。とくに、クライエントの世界に対するセラピストなりの理解を反映することば、メタファー、イメージ、文法、ユーモアを用いる（たとえば、〔O'Hanlon & Weiner-Davis, 1989〕）。これらは後に、クライエントの行動を動機づけるのに役立ち、あるいはそれぞれのクライエントにある固有の「ストーリー」についてそのクライエントに新たなものの見方を実際に提示するのに用いることができる〔Friedman, 1992; Hudson & O'Hanlon, 1992〕。

もちろん、ロッシュ〔Sir Boyle Roche〕のような人物を援助する場合には、このことが挑戦的になる可能性もある。彼は、「おれはネズミの匂いを嗅いで、そいつがぶっ飛ぶのを見るのさ。だがな、おれに傷でもつけてみろ、そんなやつはつぼみのうちから摘み取って、出鼻をくじいてやる」といったようなことを日常茶飯事のようにしゃべっていたという。ここでの原則をもっとよく示す例として、次のようなものがある。ある母親が息子の母親への要求を、「小さな将軍のように」と表現した。そこでこの母親に援助したことは、小さな将軍よりも位の高い人間のように表現し振舞ってはどうかということだった。

5　クライエントへの応答のためにひとつの要約文（one-sentence summary）を探す。

これには、最も顕著とされるクライエントの問題についてセラピストの理解を反映するような、クライエントのことばを用いるのが好ましい。

この要約文がまた、治療の焦点を示唆することもある。

【例】

「ということは、あなたが息子さんをたたけばたたくほど、息子さんはますます反抗的になり、あなたもそれだけ欲求不満になる、という具合にいってよいのでしょうか?」

6 それぞれのクライエントあるいはクライエントにあるコーピング（対処法）について、好感のもてる、あるいは尊重できるようなことを少なくともひとつは見つけ、それに注目する。

社会心理学で指摘されているように、こうすることで相互作用の好循環（positive spiral）が生まれることがある〔Aronson, 1992〕。

7 改善するという期待を誘いだす。

クライエントがこのような期待をすることで、望ましいプラシーボ効果（placebo effects）が引き出されるかもしれない。プラシーボ効果には本来「病みつきになるような」あるいは敬礼するような治療効果がある〔Goleman, 1993; Lambert, Shapiro, & Bergin, 1986〕。そのため、次のような戦略が思いつく。

(a) つねに肯定的な態度でいること。肯定的な態度は希望をもたらし、サミュエル・ジョンソンが観察したように、「希望そのものが幸福の一種なのである」。希望はまた、互いに尊敬しあい治療のための良好な作業関係を築く、漸進的プロセスにもしっかりと結びつく〔Beier & Young, 1984; Frank, 1974〕。

(b) それなりに納得のいく結果となるだろうということに腹のすわった態度でいること。これが実際に生じる結果に敬意を払う効果を生む〔Beutler, Crago, & Arizmendi, 1986〕。しかしながら、ありそうもない非現実的な期待をしかけてはならない。

B　治療の焦点（Treatment Focus）を見つける。

このことは、おそらくブリーフ・セラピーであるからこそ見られる特質であるといえるであろう。ヨギ・ベラがかつていったことばを、ここでふたたび言い換えてみよう。つまりそれは、どこに行こうとしているのかが分からなければ、そこにたどり着くこともないだろう、というものである。

ブリーフ・セラピーにおける治療の焦点（われわれがやろうとしていることはいったい何か?）とは、患者と協力して進められるものであり、それは査定や診断といった概念と関係している。

正式な診断というのは、どのような処置を施すかという医学モデルないしは「病理」モデルと密接に結びついているのがふつうであり、しかもそれはセラピストによって引き出される。かたや、「今はちょうど、社会恐怖（social phobia）や回避性人格障害（avoidant personality disorder）というほどには気分変調症（dysthymia）の心配がありません」などといってやってくる患者などまずいない。したがって、ブリーフ・セラピーでは、クライエントの問題認識に沿いながら、その枠内で作業をするのと平行して、同時に診断もすることができる能力を備えておくことが肝要である（後述のⅠ　セッションの記録を参照のこと）。

治療の焦点にいたるさいの一般的な戦略は、認知面、行動面、そして感情面でクライエントにどのようなコーピング・パターンがあるのかを探しだすことである。クライエントにこわばった面持ちや救われていないような様子が見受けられるなら、これらのコーピング・パターンが治療の潜在的な標的になるかもしれない。

「ソーク（SORC）」として知られる以下の変数を詳細に見ると、どのような介入が適切であるかを決めるのに役立つかもしれない〔Giles, 1992〕。

（a）場面（Situations）：過酷な環境で、それと関連して見られる同様の行動パターン。

【例】：喪失、病気、仕事のストレス。

（b）器質的原因（Organic Causes）：

【例】：左房心室の弁脱出がパニックの引き金になったり、甲状腺の機能不全が抑うつと関連したりする。

（c）反応（Responses）：問題のある思考、情緒、および何かに対する反応行動で、その何かとは個人内のこともあるし、対人関係のこともある。

（d）結果（Consequences）：とくに、ふとした加減で症状行動や訴えを強化しそうな諸要因に注意する。

次に、治療の焦点にいたるさいのその他の『ヒント（Tips）』をいくつか列挙する。

1　それ以前でもそれ以後でもなく、〈いま〉、クライエントが治療を求めてきたことについてたずねる。

共通して焦点があてられるのは、クライエントのコーピングが一時的にうまくいかなくなっている点についてである。クライエントのコーピングの一時的つまずきとは、いつもなら適切にあるいは納得のいく結果にすることができるはずなのに、このときはそのような結果にすることができない状態を指している。

2　患者が改善したいと願うことで、面接の予約がなされて以降に実際に改善したことをたずねる。

患者の一五パーセントは、おそらく治療の前に改善の兆しがあるといわれている〔Howard et al., 1986〕。患者が事態の改善に向けて現に実行したことを調べ、それと同一のことを繰り返す（more of the same）よう処方する。

3　仮に治療がうまくいったとして、その治療の〈終了〈END〉〉のときにクライエントにとってどんなことが目に見えて違うことになるのだろうかということを、治療の〈開始〈OUTSET〉〉のときに特定する。

クライエントに具体的な回答ができるように、しかもその回答内容に観察可能な結果がともなうように、必要に応じて多彩な聞き方をする。どのような理由からこのような技法を発展させる価値があるのかというと、それは、問題の同定から解決の形成に迅速かつ巧みに移行することが治療全体の効率をアップするということにある（本章次節以下の例を参照のこと）。

4　できれば、クライエントの行動にぴったりと合ったルールで、介入のための焦点として役立てることができるようなルールをクライエントとともに工夫する。

【例】：もっぱら夫が妻にがみがみいう「ルール」は、「もし私が口をすっぱくして彼女に文句をいうならば、彼女はきっと完璧にものごとをこなそうとするでしょう」というふうに公式化される。すると、このようなビリーフや行動に変更を加えるための介入が何か工夫できる。

5　変化を受容できるような明確なことばで問題を定義する。

かつてソクラテスがいったように、「英知のはじまりはことばを定義することである」。

【例】：もしクライエントが「憂うつです」といったとすれば、この「憂うつ」ということばがクライエントにとって何を意味し、それがどのように問題なのかを正確に探る。「憂うつ」というよりも、疲れている、楽しみがない、悲しいというほうがよほど扱いやすい。

一般に、広がりのあるような漠然としたことば（たとえば、「不安」あるいは「低い自尊心（low self-esteem）」）ということばや、「共依存（codependency）」といった流行語をなんの疑いもたずに受け入れてはならない。それはときとして、バーナム（Barnum）効果（*3）に陥ることがある〔Logue, Sher, & Frensch, 1992〕。「人前で話すとドキドキしてしまう」という具合に、不安といってもさらに詳細な説明がなされることが、問題をより明確にし、さらに扱いやすいものにする。

6　訴えとしてのべられていることが、クライエントにとってどのように問題なのかを探る。問題の本質について同意を得る。

（語られた関心事のどれもが問題であるとは限らない。また、すべての問題が治療の対象として受け入れられるとは限らない。）

【例】：自殺したいとふともらした男性クライエントに、それが彼にとってどのように問題なのかをたずねた。彼に自殺の意図などなかったことから、それが問題の本質ではないということをクライエントは認めた。ただ、病院のスタッフにとっては自殺は問題だった。病院のスタッフには、自殺について思いをめぐらすことが彼の問題の対処にせめてもの慰めになっていることが理解できなかったのである。彼がほんとうに問題としていたのは、ガールフレンドから

（＊3）描写の仕方が漠然としていたり両極端だったり社会的望ましさを反映するような場合、人は、そうした人格描写を妥当なものとして無批判に受け入れてしまいやすいという現象を指す（Meehl, J.G. (1985), Wanted -A good cookbook. American Psychologist, 11, 263-272.）

見放されてしまうのではないかということだった。

クライエントにとっての問題の意味あるいは意義を特定することが重要である。

【例】：ある女性に、夫の浮気が彼女にとって何を意味するのかをたずねた。夫の浮気は妻として自分に何かいたらないところがあるにちがいないということを意味していると、彼女は答えた。そこで、このような見方がこれからの治療の焦点になることもある。(〔Burns, 1990〕の「たて矢印 (vertical arrow)」の技法(*4)の例を参照すると、ここでいわんとしていることの理解がさらに深まる)。

7 もし複数の問題が認められれば、それらを重要度によって順序づけする。そして最初に、クライエントにとって最も重要だとされる問題に焦点をあてる。

ヒント：治療目標をはっきりとのべることに戸惑いを感じるクライエントは少なくない。こ

(*4) 抑うつ的なクライエントにしばしばみられる否定的な考えは、事実にもとづいていないということを明らかにしながら援助する技法。矢印は、「もし～という考えがほんとうなら、それが意味することは何だろうか？ なぜそのことでうろたえてしまうのだろうか」という問いかけの部分を指し、それによって、クライエントの不合理な思考の連鎖を図示するのに用いられる。

のようなクライエントの戸惑いは、否認（denial）もしくは「抵抗（resistance）」として扱うよりも、むしろ、何かを創造するような接近が必要となる混乱（confusion）として生産的に扱われることがほとんどである。クライエントの戸惑いを否認や抵抗として見てしまうと、クライエントとの関係を不必要に対立的なものとしてしまう危険がある。

C　良好な結果を得るための基準を話し合う。

いったん問題が特定されたら、満足のいく結果を構成しているものは何か、そして、その結果を目標／解決に移しかえるものは何かをクライエントから引き出す。細やかな気づかいをしながらクライエントのペースに合わせた質問を通してこの作業を行うよう心がける。そして、セラピスト自身のクライエントへの反応をひとつの道しるべとして用いる。

ヒント：次に挙げるように、セラピストは、われわれが研究や経験から知りえたものを、個々のクライエントや問題の援助にもっとも合った形になるよう混ぜ合わせる。こうして、納得できる結果が「話し合われた」という側面をもつようになる。

（a）解決には、肯定的で具体的で達成可能なことばを使い、変化をうながすためにクライエントの言語を用いる。

（i）否定的に語られた目標を肯定的な言い方をした目標に切り替える。

【例】：抑うつ的になっているクライエントが「もうこれ以上沈んだ気持ちでいないこと」を目標にしたいと語ったら、なんとなく肯定的な面に焦点が向けられるように、今ほど沈んだ気持ちでないときは何が違ってきますかとクライエントにたずねる。すると、「もっと幸せ」になっているとクライエントはいうかもしれない。この場合、肯定的な面に焦点を向けるという基準は満たすが、具体性に欠ける。

（ii）目標を具体的なものにする。

クライエントが（抑うつ的ということから転じて）もっと幸せになりたいといえば、もっと幸せなときは何が違ってくるかを見つけだす。他人ならクライエントの何に気づくだろうか？　ことによるとビデオテープの記録をたどるように、この意味するところを具体的に特定する。

【例】：質問や話し合いを通じて、週三回のエクササイズをしたり、少なくとも週一回は友人と夕食を共にしたり、毎日の仕事にちょっとした楽しみを見つけたりすると、自分の調子がいいことがわかるだろうとクライエントがいうとする。すると、これらのことをうまくはじめるにはどうすればよいかに焦点があてられる。

（b）目標／解決を達成可能なものにする。

（i）目標はクライエントがコントロールできる範囲内にとどめる。

逆接的にいうと、これは、クライエントがすでに自分の内側に内在化してしまった抑うつ感、不安、あるいは自己批判といった問題によく見られるいくつかの側面を、クライエントの外側に外在化するよう強いることでもある。たとえば、自己批判を例にとると、内在化した内なる自己批判的な声を実生活で経験する批判的な義母の声と結びつけることによって、個人の内なる懲罰的な問題は、「義理のお母さんからガミガミいわれると、あなたはお母さんにどういい返してやりたくなりますか？」という具合に、対人関係の問題として目に見えやすい形にして扱う。

可能なら、これまでにも同じような問題があって、その問題にうまく対処できた経験があれば、そのときのコーピングを確認する。もしそういうものがなければ、何か違いが生まれそうなことで、クライエントがこれまで一度も試したことのないことや、クライエントにも実行できそうなことや、クライエントが前向きに取り組めそうなことを何か見つける。

【例】：自分のための自由な時間がもっとほしいと四苦八苦する女性が、家事責任を果たしていないと夫にぶつぶつ文句ばかりいうが、一向にうだつが上がらない。そこで、夫をなじる代わりに、家事の手伝いにだれかを雇い、そのために夫婦の共有資金を活用するというアイデアなら、彼女は喜んで試したいといった（その資金は夫のほうがたくさん拠出できるのである！）。

（ii）治療目標を現実的なものにし、できれば測定可能なものにする。

目標に向けての作業では、これまでと何か違いを生み出すような、しかも最小だと考えうる変化とは何かを確認し、それがどのようにすれば生じるのかについてクライエントと話し合う。

【例】：あるクライエントは、自分が怒りをコントロールすることのできる力を一〇点満点中「三点」であると評定した。このクライエントの当初の目標は雇主に対してもう絶対に腹を立てないというものだったが、この目標は、さらにセラピストとクライエントとの話し合いによって、より建設的に怒りを表現する現実的なものに変えられた。そして、この目標を達成するための基準が設けられた。このクライエントがのべたことは、もし平日の仕事中に腹を立てさせられたような状況に自分が気づき、その状況を自分で何かに書き留められたら、それは「四点」に値するだろうということだった。

ヒント：質問することに、セラピーの方向づけを決定するくらいの力があるということに敏感でいる。セラピストが問題に答える場合に限り、そのようなセラピストの答えは「なるほどと納得できるようなもの」であるべきで、あくまで教育や保証（reassurance）のためという基本線から外れてはならない。そうでなければ、クライエントの自己判断力、自己コントロール力、さらにはクライエントに本来ある動機づけへの力にクライエントが自信を失ってしまうという危険性を、セラピストが冒すことになる〔McAuley, Poag, Gleason & Wraith, 1990〕を参照のこと）。

D　クライエントと非クライエント（Non-Clients）とを峻別する。

この考えは、とても重要であるにもかかわらず、しばしば過小評価されている。つまり、セラピーにやってくる人がだれでも変化を求めているわけではないということである。

カスタマー（customers）、コンプレイナント（complainants）、ビジター（visitors）という概念〔たとえば、〔de Shazer, 1988〕。また、〔Berg & Miller, 1992b〕も参照のこと〕は、変化への動機づけのあるいわゆる「真の」クライエントの地位にある者を決めるのに役立つ。とりわけ、クライエントの変化への動機づけが段階ごとに異なり、それぞれの段階に適した作業を重視するとき、これらの概念が有用である（後述のE節を参照のこと）。

クライエントあるいは「カスタマー」というのは、問題性についての認識があり、自らがその問題に積極的に取り組むという、まさにその枠組みにおいて特徴づけられる。変化を得ようとするカスタマーは、自らが解決の一部であるとみている。

「コンプレイナント」というのは、問題が存在していることを認識しようとはするが、自らが解決の一部であるとはみない。コンプレイナントは、しばしば「やっかいな」クライエントであると記述される。その理由は、問題解決は自分たちの埒外のことであるという認識が彼らにあり、そのため、心底から悩んでいるにもかかわらず、一般には、つい批判的な態度でいたり、事態はどうしようもないことであるという無力感にさいなまれていたりするからである。

アルコール症患者をかかえどうにか患者の酒を断たせようとする家族メンバーたちや多くのうつ病患者たちが、このコンプレイナントのカテゴリーにあてはまる。ひょっとすると認知面での歪みやエネルギー不足に起因している可能性もある。

はじめに明確な目標がないということでは、コンプレイナントであると定義してはならない。セラピストの仕事は、すべての患者が目標を明確化し、できれば、その目標を達成可能な形にできるよう手助けすることである。しかしながら、（たとえ人が頭を痛めていたとしても）彼らに何か違うことを実行しようとする気構えも望みもないときにその人を変えようとすると、ボーイスカウトの逸話を想起させるような問題を引き起こす。その逸話とは、ボーイスカウトたちが善行を積むことに気をもむあまり、渡りたいという気持ちなどさらさらない老婦人の手をとって道路の横断の介添えをしたという話である。

「ビジター」というのは、問題の存在を認識していない。ビジターはしばしば、自分以外のだれかから要請されたり圧力を受けたりしてセラピーにきている。自分の生活はすこぶる順調であると信じて疑わない患者のビリーフにセラピストが敬意を払うことは、ここでは選択権（choice）を扱っていることになる。セラピストは、おもしろ半分に、患者に成功の秘訣をたずねることもできよう。あるいはもう少し深刻になると、だれかが現状に苦しんでいて、その人のためなら自分も力になってもよいと患者が思うのだとすれば、そのようにして患者を治療に連れてこられるのはいったいだれなのかを特定することになるかもしれない。

E　クライエントの動機づけのレベルを確認し、そのレベルに応じた介入をあつらえる。

次のような問いをすることからはじめる。

1　変化に（もっとも）前向きに取り組み、また変化の可能な人はだれか？

2　現状を変え、あるいはそれを受け入れるために、クライエントがいそいそと実行することは何か？

3　非クライエントに対して戦略をいくつか立てることができるか？

嗜癖行動においては五段階の変化があるが、これは、変化に向けた動機づけがどれだけあるのかを一般的に考えるうえでも役に立つ〔Prochaska, 1992〕。

（a）熟考前（precontemplation）：予見可能な未来に本気で変わろうとする意図などない。

（b）熟考（contemplation）：患者は変わることを真剣に考えているが、その実行の賛否をあれこれ議論するにとどまっている。

（c）準備（preparation）：患者は来月にも行動を起こそうとする意図こそあるが、過去に失敗した経験がある。

(d) 行為 (action)：患者はこれまでの行動や体験、あるいは身の回りの環境を積極的に修正する。

(e) 維持 (maintenance)：患者は行為段階で得たものをしっかりと固めようとしてがんばる。

後半の三段階が純粋なクライエントに符合している。これに対して、おおまかにいって、第二段階がコンプレイナントに、第一段階がビジターに符合している。これが暗示していることは、変化の各段階に応じて、それぞれ種類の異なった介入が求められるということである。この点を認識しておかないと、効率的で効果的な治療結果が得られないことがある。

非クライエントへの介入に望ましい戦略とは、彼らが相対的にいって変化の過程にかかわらないという事情を反映するものである。そのような戦略には次のようにいろいろなものがある。

1 (非クライエントには変化のための準備がまだ整っていないため、) 非クライエントが変わるための援助をするのでなく、彼らのコーピングにある何らかの肯定的な側面を注目するにとどめる。

2　問題にかかわる何らかの側面、とりわけ問題が起こらないときの例外について非クライエントに観察してもらったり考えてもらったりする。

3　おそらくすぐには現れないにしても、非クライエントがすすんで取り組み実行できる問題をひとつ見つける。

F　きょうがいつもと少し違う日になるようなことを何か実行する。

1　積極的かつ共感的に傾聴する。

2　こうありたいと望む解決が得られるような過程について話し合う。セラピーの役割や援助者としてのセラピストの役割を明らかにする。

3　ふとした解決法が思いつくように、問題と感じる考えをはっきりさせ、あるいは問題を〈リフレーム（REFRAME）〉する。

リフレーミングは見通しをつけるという点で望ましい変化であり、それが態度や行動においても同様の変化となって現れやすい（たとえば、〔Weeks & Treat, 1992〕）。リフレーミングには問題行動をすばやく直観させる潜在力があるため、それを基本的なスキルとして磨く価値は十分にある。まさに、人間行動の背後にある意味についての豊富な理解を、セラピストがどれだけ動員できるか、ということでもある。

ヒント：リフレーミングでは、問題行動の背後にある肯定的な意味、症状に見られる肯定的な機能、あるいは意図だにしなかった肯定的な帰結といった点にとりわけ目をやる。とにかく、これまで問題だと思っていたこととまったく正反対の見方だと考えられることなら、どんなことでもかまわない〔Johnson, 1990; Weeks & Treat, 1992〕。

【例】：カップルの喧嘩というのは、彼らの主観からすると、ひどく悲痛なものと感じられやすい。しかし、違う見方をすれば、それは必ずしも害があるとは限らないことから、カップルの喧嘩はお互いが親密な証であり信頼関係を築く行為でもある、という具合にリフレームする。あるいは、子どもの乱暴に悩む両親に対しては、「息子さんには、暴れまわることでしかご両親の愛情を確かめることができないという勝手な思い込みがあるのかもしれません」という。これらのケースでは、事実に即しながらも（このことは重要である）、これまでよりももっと望ましい形で、行動が、親密さや愛情を構成する一要素として、あるいは親密さや愛情を試すひとつのテストとしてリフレームされている。

（a）行動や訴えを正常化（ノーマライズ）する。

診断用語は、専門家のあいだなら使い勝手のよいものかもしれないが、セッション内で人を病理としてラベリングすることは、人を戸惑わせ、人間性を失わせてしまうことがある〔Aronson, 1992〕。単純化したラベリングや病理的なラベリングをするのではなく、より正常で信頼感を奮い立たせるようなラベリングに向けた方向づけをする。

【例】：このように考えると、「パニック」というのは、だれにでもある恐怖反応、つまり察知した危険に対する反応であり、ただ、ある特定の時間に限ってやってきたり、不意をつかれるようなときだったり、あるいはどうにも不都合だったりするときに襲ってくるにすぎない。

（b）クライエントが進んで取り組み何かを実行しようとする問題が、どの程度さし迫った訴えなのかを明らかにする。

「これ（訴えとしてのべられていること）はどう問題なのですか？」と問うと、やっかいごとを変化になじみやすくするという意味で、その訴えがどれだけ面倒かを鮮明にすることがある。だれかほかの人がそれを問題としているのであり、クライエントはただそれを請け負っているにすぎないこともある。

【例】：ある若い女性が動揺し、とり乱していた。どうも、その女性の姉が二人の子どもを彼女とその母親（子どもの祖母）のところにおいたまま出て行ってしまったらしい。そこで、ブリーフ・セラピーにおける中心的な質問の一つが発せられた。「でも、このことは〈あなた〉にとってどう問題なのですか？」（この質問は、多彩な形で繰り返され、しかも穏やかに発せられる。）この問いかけによって、その若い女性の訴えは、結局、母親（子どもの祖母）が問題としていることであることが明らかになった。

4　すぐにできる直接的な介入や、行為を重視した介入を考える。

これらの介入には、ロール・プレイ（role-plays）、問題解決法（problem-solving）、啓蒙、行動の正常化（ノーマライゼーション）、リラクセーション・トレーニング、指示、その場にふさわしい直面化ないしは解釈が含まれる。あるいは、補助手段としての紹介（referrals）を利用する。

5　問題に対する例外を築く。

【例】：以前に長期間治療を受けたことのある女性が、自分のことを「共依存（codependence）」だとラベリングした。その女性は、これまで一度も男性に対して「いいえ」

がいえなかったため、ひどくふさぎ込んでいた。この女性との初回セッションのあいだ、セラピストは、男性に「いいえ」がいえないことがどんなにつらいことかをずっとくり返し、それとともに、男性優位のように思える仕事を辞めてしまおうと考えることが、どれほど自分の品格を下げてしまうことになるのかを告げた。次のセッションのとき、この女性は、自分が思っていたよりもはるかに強い人間だったと思い直し、それからはずっとうきうきした気分でいた。

6　治療の前にすでに得られたものがあったことに気づいたら、それらを築いていく。問題を少しでもよい方向に向けたものがあったら、それが何かを明らかにし、それをくり返すよう処方する。

7　これまでに似たような問題に遭遇したことがあれば、その問題に対して建設的に対処できたコーピングを明らかにし、そのコーピングを利用する。

このような問題は以前にも起こったことがあるか？　クライエントがその問題を無難にやり過ごせたときに助けとなったことは何か？　このときのコーピングをもう一度行うことができるか？

8 問題の変化に必要なことを行うだけの十分な動機づけが、クライエントにあるかどうかを明確にする。

多くの強迫行動に見られるように、それを見ている者にとってはとても居たたまれないような問題が、クライエントにとっては実際のところ自我親和的（ego-syntonic）なこともある。こうしたケースでは、より快適に暮らしたいと思っている人がどれくらい不快な思いをしているかを明らかにするだけでなく、何もしないでやり過ごすというセッションになることだってあろう。

9 適切な感情表現は、そそのかすのでなければ、その表現に注目（ラベリング）し許容する。

このことは、患者との共感的なふれ合いや患者のコーピングを理解するのに役立つことがある。それ以上に、患者の適切な感情表現に注意し、それを認めること自体に、治療的な働きがあるとも考えられる。

10 必要なら、援助するといってもセラピーには限界があることをクライエントに知らせる。

効果的な心理療法に求められるものは、変化しても受け入れられるだけの問題があること、変化に向けた作業に前向きに取り組み、その作業を実際に実行できるクライエントがいること、そして有能なセラピストがいることである。これらの要因を満たさないままセラピーをつづけると、さらなる問題を引き起こすことがある。

G　宿題（Homework）を協議する。

何を学ぶにせよ、それを現に実行することでわれわれは学ぶのである。

——アリストテレス（倫理）

宿題は、治療の焦点を維持し、セッションとセッションとのあいだの時間を生産的に活用できるよう計画された課題から成り立っている。とくに宿題に価値があるのは、目標志向的に行動することが幸福を感じるのに欠かせないという根拠にもとづいている〔Csikszentmihalyi, 1990〕を参照のこと）。

大まかにいうと、宿題には次のような機能がある。（1）普段は当たり前だと思っている自動思考（automatic thoughts）を意識的に確認し、それを記録する技術を身につけてもらうこと、（2）クライエントがそこで一定の機能を果たしているシステムや、「身動きがとれなく」なっているように思われるシステムをかき乱すこと〔Johnson, 1992〕、である。

上記の二番目の点で仮定されていることは、変化に必要な知識はあっても、その知識をクライエントが生産的に組織立てるまでにいたっていないのではないかということである。このようなときに提案される宿題には、ちょっと気まぐれで滑稽な感じのするものが多い。たとえば、コインをひょいと投げるのもそうだし、あるいは、いわゆる人を楽しませるタイプのクライエントに、問題をめぐって何をすべきかについて友人全員に投票してもらってはどうかと求めるのもそうである。家族が口論しているときに、それぞれの役割を交代してみてはどうかとたずねたり、とてもコントロールできそうにないと思っている症状について、その頻度、強さ、期間、場所を変えてみてはどうかとクライエントに聞いてみたりするのもそうである（たとえば、〔Ascher, 1989 ; Madanes, 1981; O'Hanlon & Wilk, 1987〕）。

『宿題のためのヒント』：

1　宿題がクライエントの目標、価値観、能力および関心と一致したものになるよう努める。

宿題を組み立てるさいに、クライエントがその宿題に前向きに、あるいは積極的に参加すればするほど、それだけ、クライエントは素直に宿題を受け入れるようになるし、クライエントにとっての宿題の意義も高まることになる。

2　課題設定を、動機づけのレベルやクライエントの立場にふさわしいものに合わせる。

前にものべたように、変化への動機づけのあるクライエントに対しては「能動的な」宿題のみが割り当てられるべきである。非クライエントに対しては宿題を「受動的な」課題に限定するのがおそらく賢明であろう。これはすでにE節の動機づけに関するところで概観したとおりである。このように、課題設定の種類を動機づけのレベルやクライエントの立場によって変えることは、（もしその課題が適切なものだとすれば、）自分の行動を変えることでいったいどのような利益があるのかに思いをめぐらせ、その人を治療に積極的に専念させることになるにちがいない。

3　宿題は、具体的で実行可能なものでなければならない。

セッションとセッションとのあいだに違いを生み出しそうなことで、もっとも小さく実行可能な行動が踏みだせるものを考慮する。これは、宿題の実行前後で行動に著しい違いが生じるのが当たり前だと期待する人に、そのような過剰期待を抱かせないものがよい。恐怖心の強いクライエントや完璧主義のクライエントには、こうありたいと望む行動を実行するのでなく、その行動を認知的にリハーサルするか、練習の機会を探すなどして、彼らにある禁止傾向の克服に役立てる。

4　課題の達成を促進する手がかりを見つけ、できればそれを実行する時間や場所も特定する。

（「Xの実行を、あなたはどうやって思い出すつもりですか？」）

5　宿題の実行に妨げとなるものを予測する。

（Xを行っている途中に何か得られそうですか？）何がクライエントを動機づけているのかについて確かめる。そして、宿題の実行の妨げになるものの克服に、そうしたクライエントを動機づけているものを活用する。

セラピストの想像力がたくましいほど、セラピストのパーソナリティが柔軟なほど、またクライエントの協力が得られるほど、宿題のためのアイデアもバラエティー豊かになる可能性が高い。一般読者向けの書物やセラピー関係の専門書の中にはこの宿題に関するアイデアがあふれており、そこでは、象徴もしくは儀式ないし文化に特徴をおいたようなものから、標準的な認知‐行動療法の技法にいたるまで、幅広いアイデアが紹介されている〔Levy & Shelton, 1990〕を参照のこと)。

そこで、アルバート・エリス(Albert Ellis)〔Black, 1981〕の実例をひとつ引いてみる。エリスはあるワークショップに参加していた聴衆のなかからひとりの女性を選んだ。その女性は、問いかけるような形だったが、とりたてていうほどの合理的な理由もないのに大学院の入試に落ちてしまうのではないかと怖れていた。エリスは、「パニック状態です」と自己報告した彼女の内的感情を、イメージ訓練をとおして「失望しています」というふうに姿を変えさせた。それから、エリスは、彼女がこれほどまでに上手に自分の感情表現を変えることができたプロセスを、ことばで語ってみるように彼女に求めた。そして、ふだんの日常生活の中で彼女のやりたいことは何かと聞くと、この女性は、「コーヒーを飲むことです」と答えた。さらに、これまで先延ばしにしてきたことで彼女がやりたくないと思っていることは何かと聞くと、この女性はそれについて、「手紙を書くことです」と答えた。その後、エリスは次のようなきわめて指示的な宿題を提案した。

さて、これから三〇日間、毎日、あなたにここで起こったことと同じプロセスをたどって過ごしていただきたいのです。つまり、まずパニック状態であるという気持ちを強くしてから、そのパニック状態になった気持ちをちょうど先ほどのような失望感に変えるのです。それには数分もかからないでしょう。それから、あなたのイメージが変わるまで絶対にコーヒーを飲んではいけません。これからの三〇日というもの、いつでも夜はめぐってやってきますが、もしその日にこの宿題ができていなかったら、あなたは手紙をひとつ書かなければいけません（p.4C）。

H　質問／心配ごとのために時間をとっておく。セッションが援助的だったかどうかを評価する。

これには経験や鍛練がいる。どれくらい前進が見られたかについて話し合ったり、その日のセッションの核心となることを振り返ったり、あるいは宿題を微調整するのに、セラピストがその必要性に「迫られる」五分か一〇分前にセッションを終えられるよう訓練する。必要なら、宿題を加減し、セッションの進め方を調整する。

I　セッションを記録する。

ブリーフ・セラピーに、「準備、発射、照準（ready, fire, aim）」という特有の性質があるからといって、またそのときそのときの状態を絶え間なく査定する傾向があるからといって、そのことが同時に、医学モデルで使う専門用語によってクライエントがどういう具合に正式な「働きかけ」がなされることになるのかを、セラピストが知らなくてもよいということを意味しない。

正式な査定や診断というのは、精神保健の専門家どうしでやり取りされる共通言語であり、医療現場における共通言語であり、さらに保険の支払人にとっての共通言語である。正確な査定にもとづいた明確で具体的な治療計画や非公式な診断を記述することは、少なくとも患者のケアをするうえで重要なことである。それだけでなく、セラピストの考えを明確化するうえでも役立つことがある。とはいっても、正式な診断や治療計画は、治療を権威的にさせてしまう。

図表にしてまとめるということは、書字や逐語技術の問題だけでなく、セラピストの思考の明確さ、セラピーの質、そして介入の適切さを測る指標ともなる。記録はまた、そのことを他の専門家に知らせる方法のひとつでもあり、致しかたないことだが、その専門家の中には弁護士も含まれる。それゆえ、記録することの重要性を過小評価してはならない。ブリーフ・セラピーで用いられる書式には、次のような二つの基本形がある。(1) インテーク票、あるいは最初にコンサルテーションを行ったときの報告書(表4‐1を参照のこと)と、(2) 二回目以降のセッションの記録票(表4‐2を参照のこと)である。状況によっては、「終結時の要

表４－１　インテーク・メモの見本

〈人定事項〉：H・エマは離婚歴のある35歳の白人女性で，秘書をしている。彼女にはブリアンという13歳の息子がいる。ブリアンは，彼女と暮らし，父親とは最小限の接触しかなかった。この患者は，ここのクリニックのロフト博士から紹介された。

〈問題〉：「これまでのわたしの人生というのは，ずっと憂うつなものでした」。また，Hさんは，３カ月前にはじまったさらに急性の抑うつ症状や不安症状を報告している。３カ月前というのは，息子が父親に会うために１カ月のあいだ家を留守にしていたときであるとともに，家に残された彼女が，これまで３年間のつきあいがあるブバという「しがらみのない」ボーイフレンドとの関係に「向き合わざる」をえなかったときでもある。ロフト博士は彼女にZoloft《訳注：ゾーロフト。Sertraline製剤の商品名。セルトラリンは，塩酸塩の形で投与される抗うつ薬。セロトニン活性を高める作用がある。》150mgとKlonopin《訳注：クロノピン。クロナゼパム（Clonazepam）の商品名。小型運動発作，精神運動発作，自律神経発作に効果がある。》0.5mgを夜間服用するよう処方したが，彼女はそれらの薬にほんの部分的に好反応を示したにすぎなかった。彼女の希望する大まかな治療目標というのは，「いまよりもう少し幸せな気分になること」である。

〈既往歴〉：Hさんはここのところずっと，気分正常状態（euthymia）がいつだったか思い出せないでいる。彼女は，４年前の離婚のときと，いまのボーイフレンドがしばらくのあいだ彼女のもとからいなくなった２年前のときの２度にわたって，今回と同様の抑うつ感におそわれたということで，先のエピソードを語っている。彼女とボーイフレンドとの関係は回復したが，彼のほうは引き続き結婚にしばられない関係を続けており，患者のほうもそれを希望している。

表4－1（続き）

現在の症状には「いつも悲しみに明け暮れている」という状態があり，このような状態のときの気分を，彼女は10点満点中「4点」くらいであると評定している。

彼女は，「何も楽しめない」「食欲もほとんどない」といい，体重もはじめは5ポンド《訳注：約2.3kg》減ったが，いまではそれで安定している。彼女は，母親としてもボーイフレンドのパートナーとしても不適格であることに罪悪感があり，さしたる理由もなく罰せられているのだと予感し，自己批判にさいなまれ，自分でものごとを決めることに支障をきたし，「何度もはっと目覚めて」はどっと疲れると報告している。彼女は，たまに悪夢にうなされることがあるが，寝ていても心臓がドキドキして目覚めたり（そのときは「冷や汗」をかいている），まさに「すべてをやめてどこかへ逃げ出して」しまいたいような心境ではっとして目覚めたりすることが，週のあいだに何度もあるという。楽しい時間など過ごせそうにないと思ってしまうため，仲のよい友だちと外出するのもおっくうになりはじめている。

Hさんは，人に「いいえ」というのが昔から苦手だといっている。そして，人を傷つけまいとすることにたいへん苦しみ，葛藤を避けているのだともいっている。例として次のようなものがある。ブバを喜ばせるために「自分らしくない」衣装をまとったり，たとえ居心地が悪くても職場で彼女の好きな男性からキスしてもらうよう仕向けたり，息子と過ごす時間がないのを理由に息子を「甘やかしすぎて」しまったりするという。

こうなればいまよりもう少し幸せな気分になるだろうとHさんが信じていることは，（1）ありのままの自分を受け入れてくれるような人と結婚して，もう少し「つきあい上手」になれたら，（2）アパートでなくマイホームがもてたら，（3）どのような人間関係をもつかについて自己決定できるようになったら，（4）お金のことにあまりわずらわされなくなったら，（5）息子と過ごす時間がふえ，息子に適度な分別をもたせられたら，ということである。

表4－1（続き）

以前うまくいったコーピング（対処行動）としては，エクササイズをすること，自分の好きな衣装をまとうこと，そして息子や友だちと「質のよい」時間を過ごすこと，があげられた。観察結果からすると混乱状態にあったが，それにもかかわらず混乱状態からの立ち直りはかなり早く，自分にとって何が重要かについての明確な考えがあることもうかがえた。

〈治療歴〉：なし

〈病歴〉：なし

〈薬物の使用歴〉：つきあい程度で酒を飲むくらいである。もともと節度はあったが，カフェインの摂取もすでにやめている。

〈家族史〉：父親やきょうだいの飲酒については肯定的にみている。患者の母親はどう見ても抗うつ剤を使って治療を受けた経験があるにちがいない。両親は患者が9歳のときに離婚。父親との関係にはアンビバレントな気持ちがあるが，母親には「しょっちゅう会うこと」がないのに親しみを感じている。

〈精神状態の検査〉：面接場面での患者は，用心深く，適応的で，認知的には自分が純情だと思っているふうだった。応答はすばやく，こぎれいにしていた。誠実そうなアイ・コンタクトで自然に接していた。身体的には緊張している様子だったが，心情の動き（psychomotor）は正常だった。ときおり会話が中断したが，それ以外の点では正常だった。気分：悲哀感といくぶんかの懸念の気持ち。感情：圧迫感。自殺もしくは殺人を思考したり実行したりする意図はない。知能，洞察力および判断力はほぼ平均的のよう。

表4－1（続き）

〈**査定および診断**〉：

第1軸：300.4　気分変調性障害（dysthymic disorder），早発性の可能性あり。

296.31　大うつ病（major depression），反復性，軽症（一時的）

300.01　広場恐怖を伴わないパニック障害（panic disorder without agoraphobia）（一時的）

除外　300.02　全般性不安障害（generalized anxiety disorder）

第2軸：301.90　特定不能の人格障害（一時的），依存性および回避性の特徴あり

第3軸：なし

第4軸：ひとり親。財政的にはまずまず。ボーイフレンドとの葛藤

第5軸：現在の機能の全体的評定尺度（GAF）：55

昨年でのもっとも高いGAF：70

〈**治療計画**〉：ロフト博士による薬物の処方を継続する。

治療目標：（1）気分の改善と安定化，（2）主張性のスキルを高めること，（3）生活をコントロールしているという主観的な気持ちを確立すること。患者が快適だと思っていることの中身は〈既往歴〉に触れてある。そして，この点が治療目標として実用的なものと思われる。日曜の午後に息子と過ごし，今週のうちどれか一日を選び自分の好きな洋服を着飾って，週に3回30分間の散歩をするという宿題をやってみることに患者は同意した。そして，これらの行動をとることで，彼女の気分がこれまでとどのように違ってくるかを観察してもらうために，この宿題を出したと付け加えた。

約」もこれらと同じように重要なことがある。

インテーク票に含まれる典型的な事項には、次のようなものがある。クライエントを特定する人定事項、提示された問題についての説明、既往歴、過去の治療歴とその結果、関連する病歴や薬物の使用歴、『関連のある』家族史、精神状態に関する検査結果、初回の査定および診断、そして治療計画である。

表4-1の中で示した例のように、インテーク票に詳しく記録しなければならない優先事項は、クライエントが目の前の問題にどういった関心をもっているかということや、あるいは診断もしくは治療がなされた理由が第三者にも分かるようなものである、ということに留意する。したがって、だらだらと長たらしい家族史を書いたり、いくつかの出来事をこと細かく記録したりすることは、通常、あまり必要でない。そのように記述すると、何がより重要なデータなのか、あるいは、どういったことがケースの核心なのかがむしろぼやけてしまうこともある。

より多くの情報を得るには、初回セッションをはじめる前に、あらかじめクライエントのために備えつけられた経歴書（history form）に詳しく記載してもらうことで、その目的を達することができる。とくに、ブリーフ・セラピーの原則に沿った次のような内容に注意を払うことが大切である。つまり、現在の関心事は何か、コーピング・パターンはどうか、治療を求めてやってきた目的は何か、問題の発生に対する例外がどれくらいあるか、クライエントの強さはどうか、そして、解決の見込みはどれくらいかということを明確にすることである。

Ⅲ　第二回目以降のセッションにおける課題

本節の短さが、すなわち、最初の接触ほどフォローアップ・セッションが重要でないということを示すものではない。むしろ、このことは、初回セッションの課題で指摘した諸原則がそのままその後の治療にも一貫して流れているという発想を反映するものである。もっとも、第二回目以降のセッションでは、治療に求められるものに応じて治療形態や強調点もおのずと変更される。フォローアップ・セッションの課題には次のようなものがある。

A　提示されている問題についてどのような相互理解が得られたのかを振り返り、これまでのセッションの焦点を再検討する。

焦点からどのような変化が生じたのかがまだ話し合われていないなら、引き続き焦点となったことを話し合う。

B　宿題を振り返る。

少しでも進展がみられたら、それを足場にする。そして、少しでも困難なことがあったらすぐさまそのことに的をしぼる。

C　前回の接触後に、何がよくなっているのかをたずねる。また、どうやったらそうなったのかを聞く。

これがもし何かがよくなればという言い回しでないことに注意してほしい。たとえまだいくつか問題が残っているようにみえても、ここで発想されていることは、ふだんの生活の中で改善しつつあることにクライエントを方向づけ、そのような改善点を治療に生かすということにある。

D　きょうがいつもと少し違う日になるようなことを何か具体的に実行する。

これを実現する方法については、初回セッションの課題のところでそのいくつかが示されている。第二回目以降のセッションでセラピストが目標とすべきことは、たとえその目標がどんなに小さなものであっても、セラピストの行う介入やセラピストとクライエントとの相互関係が、少なくとも目に見える形で示されることが望ましいということである。

E 治療の進展や目標に沿って新たな宿題を話し合う。

新たな宿題を提案するといっても、これまでのセッションでうまくいっていれば、ときにはそれを単に繰り返してもかまわない。

F セッションの実効性を査定する。人の望みがかなえられているか？

望んだ状態になっていないなら、何がもっと有効なのだろうかということを明らかにする。

第二回目以降のセッションを記録するとき、臨床家によっては、クライエントの生活状況やあるセッションで起きたことをただ単に物語風の文章で記述する者もいる。しかしながら、われわれは、ソープ（ＳＯＡＰ）に多少の変更を加えた書式の使用を勧めている。というのは、ソープ書式には構造的な明快さがあり、ブリーフ・セラピーとも相性がいいためである（表４‐２を参照のこと）。

Ｓ：この項目には、クライエントの「主観的な（subjective）」表現を引用する。できれば、（はじめに提示された問題が変わっていなければ）その問題に関係することで、クライエントの現在機能をぴったりと言い当てているようなクライエントなりの説明を、一つないし二つ逐

表4－2　第2回セッションの記録

S．「息子といい週末を過ごしました」「前よりも順調にいっています」。

O．患者は息子と満足な週末を過ごし，いくつか例を引きながら，息子やボーイフレンドに自分の言いたいことをはっきりと言えたとのべた。これまでよりもボーイフレンドからはうまく扱ってもらえそうだとの期待をのべ，彼が前よりもずっとやさしくなり，患者をあまり批判しないようになったといっている。患者は，「自分のために時間を使うことで」仕事のない日も気分がいいという。患者は短期記憶や集中力の問題が薬理作用と何か関係するのではないかと憶測していたが，それは，患者が一度にあまりにたくさんのことをやりすぎているのかもしれず，その結果として達成不十分だと感じているようにも見受けられる。われわれは，達成不十分だと感じることが彼女の集中力／記憶にどう影響するのかを観察してもらうために，課題リストを作成するという戦略を立てた。エクササイズについては，前回のセッションののちに2度ほど実施したということである。

A．300.4，296.31，301.9（一時的）。主張行動（言いたいことをはっきり言う）にともない，症状がいくらか緩和している。

P．1．課題リストを活用すること。2．ボーイフレンドが患者を肯定的に扱ったことについて，少なくとも1回は患者が彼氏をほめること。3．土曜日の決めた時間に再度息子と過ごすこと。4．エクササイズをつづけること。

語的に記録する。こうすると、おのずと、臨床家はクライエントの表現を濃縮し、それを今後の治療の焦点とすることができる。

【例】：「いい一週間でした」という表現には、クライエントが何をしたかにセッションの焦点があり、それが事態の改善をもたらしたという意味合いが含まれている。また、「わたしはいつも腹を立てています」という表現は、その怒りにどのような力動関係があり、その怒りがどれくらい広がっているのかを確認することにセッションでの焦点があり、ことによるとこのような知覚に対する例外探しをした可能性もあることを示唆している。

O：これには、そのセッションで焦点となった「客観的な（objective）」内容が含まれる。この項目は、クライエントによる主観的なことばが、とりわけどんな具合に語られたのかを反映するものでなければならない。クライエントの精神状態を表すデータが含まれていることもある。

A：これは、各診断／各事項と関連するクライエントの進行状況についての最新の印象（「査定（assessment）」）である。診断をどのように改めようとも、改定したことがセラピストの納得のいくものであることを確認する。

P：「治療計画（plan）」は、クライエントが自身の目標を達成するという点で、彼らの現状から自然にわき出てくるものでなければならない。ここでの宿題は実行可能で観察可能なように具体化されるべきである。もし具体的な治療計画が思いつかないなら、セッション中に適切な焦点があったかどうか、あるいは、変化への動機づけのあるクライエントがいたかどうかを検討する。

Ⅳ　成果の維持

治療成果を維持することはブリーフ・セラピーでは継続的なプロセスであり、そこには、クライエントの力と進歩をそのまま認めるということが暗に含まれている。いくつかのヒント：

1　クライエントとともに彼らの行うことを観察しつづける。それがクライエントの力になる。

このような観察や解説の繰り返しが、クライエントの習得感やコーピングへの信頼感を育むようでなければならない。

2　クライエントがこうありたいと望んだ行動を、感覚的にも経験的にも予測可能な手がかりにしっかりとつなぎとめる。それは、クライエントにとっての内外の手がかりである。

「ふと思い出すような合図（reminder）」、とくに、こうありたいと望んだ行動をクライエントがごく自然に連想できるような合図を見つける。

【例】：あるクライエントは、交通渋滞に巻き込まれているときはとくにそうだが、渋滞でないときにも、前後の自動車にはさまれると腹を立ててしまい、そのような自分の性分を何とか直したいと希望した。このクライエントの場合、前車のブレーキ・ランプの点灯を欲求不満水準が「加速する」前の「ストップ」の手がかりとして用い、そうやって身体をリラックスさせ、気持ちを落ち着かせた。

3　状態の悪化を計画する。そして、その予行演習をする。

「治療がすすむ途中で何が得られそうですか？」と聞くことで、クライエントとともに状態の悪化を予想する。まるでもう障害が起こっている「かのように」、その障害にふさわしい戦略を工夫する。これを実施するにあたっては、問題が必ず再発するということをほのめかすのではなく、むしろクライエントにコーピング能力があるということを強調するような配慮がいる。

V　治療の終了

この節は、次の二つの理由から「治療の終結（terminating treatment）」というタイトルになっていない。第一に、「終結（terminating）」ということばには不必要に乱暴な響きがあるためである。第二に、ブリーフ・セラピーは、たいていの問題に対して究極的な治癒（final cure）をするという狭い考え方をしていないということである。つまり、与えられた時間でセラピーを終えても、それが必ずしも最終的な治療の終わりであるとは限らないと見ている。結局、これまで観察されてきた事実は、人生とはとかく「次から次へとひどいことが起こるもの」であり、それはちょうど、トマス・ホッブズ（＊5）が人生を「みだらで、粗野で、はかないもの」と皮肉たっぷりにのべたのと同じである。

現実的な理由からしても、また治療的な理由からしても、治療というのは断続的に実施され

（＊5）〔Thomas Hobbes, 1588 - 1679〕。イギリスの哲学者、政治思想家。ピューリタン革命のときに大陸に渡り、経験論、唯名論の立場から人間の認識の問題を探求した。主著に『リバイアサン』がある。

るものであり、その成果も漸進的であることが少なくない。実際に、クライエントによっては治療が数年におよぶ者さえいる。一般に、治療の終了（Ending of Treatment）とは、クライエントが目標に到達した（ことによると、そうならないこともあろう）という事実や、クライエントが人生のある時点でいつかはまたセラピーが助けになると気づくこともあるだろうという事実を反映している。

ブリーフ・セラピストの中には、患者にとってセラピストは重要な位置を占めているのだから、治療の終了にさいして形式を重んじることが何よりも大切であると考える者もいる。他方、この点にあまり重きをおかない臨床家もいる。このような臨床家たちは、身内で医院を開業する仲間たちが期待するように、患者というのも一定の時がたてば「行き詰まって」やがて門をたたいてくることがあるだろうと考える。このような観点からすると、患者との治療関係に終止符をうつ（terminating）という発想はどうも的はずれである。

いずれにしても、明確に定められた目標やセラピストとクライエントとのあいだで相互に理解された目標に向け、セラピーが調和をとりながら進行しているかどうかに時おり注意すれば、治療における一連の流れの中で治療がいつ終わるのかもおのずと知れてくる。たとえはじめからセラピーにくる回数が決まっていなくても、どうもこれくらいのことはいえそうである。

しかし、理由がはっきりしないままクライエントが治療を中断する場合には、フォローアップを試みるのが望ましい。フォローアップによって、セラピストは、治療状況を正確に記録化できるし、必要に応じて他の適切な処置を講ずることもできる。

Ⅵ　結果の記録

近ごろは、治療の進み具合や治療結果を記録することが良質の心理療法であることの証となりつつある。これには、治療への満足度をクライエントにたずねるなど、あまり形式的でない方法が採用されることもある。あるいは、症状の変化と関連して、問題の強さや問題の起こる頻度が治療経過中に一〇点満点中どれくらいの値になるのかを定期的に評定すると、それがセラピストやクライエントにとって治療の進み具合を知るうえでの測定可能な参照枠ともなろう。

そうはいいながらも、簡便に実施できて「客観的」であるような測定具を用い、治療への満足度や治療による変化がそれによって示されるのであれば、それにこしたことはない。そうした必要性もここのところ次第に高まりつつある。セラピストはさしあたり、治療対象となった問題に適合し、セラピストなりの治療法とも矛盾しない測定具をひとつないしふたつくらい見つけておくのがよかろう。患者の満足度を測る一般的な指標として、たとえば、クライエント満足度テスト第八版〔CSQ－8；Nguyen, Atkisson, & Stegner, 1983〕などは、簡略な測定具でありながら統計的にもすぐれており、治療結果を測定する他の尺度ともほどよい相関をもっている。問題ごとの評価、もしくは特定の症状の変化に力点をおくアプローチ方法の評価については、症状チェックリスト－90－R（SCL－90－R；Derogatis, 1983）を用いることが考えられよう。

自分の仕事がクライエントを含めた自分以外の者に評価されることをきらう臨床家もいるが、この種の振り返りは、セラピストの仕事の質を高めるうえで欠かすことができない。オープンにまた日常的にこのような取り組みをすることは大切なことである。

第五章　治療の進行に妨げとなるものを克服する：ヒントと技法

本章では、クライエントのなかでも、さまざまな理由から前章でのべたような「コンプレイナント」や「ビジター」といった性質に近い変化への動機づけに乏しいクライエントたちの問題を扱う。ここではまた、裁判所の命令によって行われる治療も含まれる。もちろん、万人に有効なものなどないのは当然である。かつてフロイトは患者にこのようにいったことがあるそうだ。「あなたの病気の治し方は、私以上に運命がそれをもっとたやすく見つけることでしょう……あなたの悲惨なヒステリーがだれにでもあるような不幸へとうまく変えられれば、きっと多くのことが得られることでしょう」〔Auden & Kronenberger, 1962, p217〕。セラピーが思ったほどはかどらないとき、とくにその順番を問題としているわけではないが、セラピーの進み具合を考えたり再検討したりするうえで、次のようなことが役立つかもしれない。

ヒント：戦略的／技法的色彩のつよい介入を用いるさいには、思いやりをもって、注意をはらいながら、そしてできればすてきなユーモアを交えながら、コンテクストにうまく合致した介入を行うことが肝心である。これらの介入がどうもしっくりこないなら、最初に同僚相手に介入法の練習をしてみるとよい。

1　セラピストと患者との相互の治療期待を振り返る。

治療目標が明確か、それはクライエントといえる者を引き出すようなものか、さらにそれが成功を生むに足るほど十分に扱いやすいものかを確認する。変化への動機づけのあるクライエントと認められる者の抵抗は、理解不足や圧迫感への反応、もしくはセラピストが課した目標への反応であるかもしれない。もし修復できるくらいのセラピストの過ちや誤解が発見されたら、セラピストのほうから誠実に謝罪し、あるいはそれらの過ちや誤解を明確化することが、これまでよりもさらに生産的な作業関係を切り開くきっかけとなることも少なくない〔Omer, 1994〕を参照）。

2　それぞれのクライエントと何となく「つながっている」感じがするかどうかを確認する。つまり、クライエントに「納得している」ような感じがみられ、クライエントがセラピストとの作業に何となく心地よさを感じているかどうかを確認する。

クライエントが機能している側面に（お世辞ではなく）心からの称賛（compliments）を送ることから得られる利益を考慮する。それは、クライエントに変化への動機づけがあるかどうかとは無関係である。称賛を送ることで、効率的な介入や治療の継続性がさらに促進されることがある。それは、（a）実り少ない勢力争いから脱けだし、（b）肯定的な結びつきを築くからである。

よくあることだが、とくにコンプレイナントやビジターは、自分たちの問題によって人から否定的な反応をされた経験がある。そのため彼らは、セラピストからも同じように反応されるのではないかと憶測しているかもしれないし、実際そのように反応された経験があるのかもしれない。暖か味があり受容的で、それでいて驚きを与えるような介入が、ただでさえ事態を面倒にしてしまいやすい人の態度を軟化させることがある。

【例】：横柄でいかにも面倒くさそうにしているある家族の父親が、ふて腐れた非行少年の息子や、これをどうにかしなければならないと考えているその子の母親とともに、裁判所の命令でセラピーを受けることになった。そこで、この父親にこう話した。「自分の意志でもないのに、こうしてここにいなければならないのは、正直いって、私もちょっと心外なのです。このような状況なのに、よく自分から進んでここへおいでになられたのは驚きです。それに、この件でこれまであなたがもうどれほどうんざりさせられてきたのかを思うと、なおさら驚いてしまいます」(これらのことはすべて、セラピストの本心を語ったものである)。父親にこう話してから、もっとも動機づけの高いクライエントである母親に主たる注意が向けられた。

3 それぞれの患者と気持ちがつながったら、部屋にいる者のうち純粋なクライエント、つまり変化への動機づけのある人物がだれかを見定め、セラピストのエネルギーの大部分をその人に向ける。

4 結果の達成に患者以上にセラピストが熱心になっていないかどうかに気をつける。いわゆる抑うつ気分から精神活動にかなりの緩慢さがみられるようになると、セラピストはそのような人にことさら多くのエネルギーを注がなければならないときがあり、実際にいくつかの問題があることもある。しかしながら、とくに投薬やその他の介入がそれなりに十分に処置されているにもかかわらず、いつまでたっても活動性がみられないなら、そのような不活発さというのは、ほんとうは動機づけのあるクライエントではないのに、セラピストが変化を求めるクライエントであると勘違いしているサインになっていることもある。

変化にとってきわめて重要なのは、クライエントの責任感である。したがって、その筋の専門家というよりも相談役くらいのスタンスでセラピストが接することである。セラピストが人間にまつわる諸問題の答えを必ず用意するといったコミュニケーションよりも、「どうすればお力になれるでしょうか？」といった問いを多彩に用いるほうがよい。もちろん、セラピストがクライエントの問題に直裁に回答しようと考え、しかもクライエントもセラピストの回答を求めているような場合には、丁寧で要領よく答えることが必ずや素直な反応となって返ってくる。ただし、どのような応答をしようとも、それはあくまでセラピストの考えであるという枠組みを失ってはならず、患者がそのような考えを押しつけられるいわれなどない。

5　「抵抗」のある方向に進む。

これは、表向きには自分の行動を変えようとしながらも、実のところその行動に深い愛着をもっているようなときに用いられる（[Ascher, 1989] を参照のこと）。このような場合、変化に向けてさらなる努力をすることがその人を破壊的にしてしまう第二次疾病利得（secondary gain）の存在が考えられる。よくあることだが、クライエントが、人のためというよりもまさに自分自身のために、どうして同じことを繰り返さないでいられないのかをのべ、当面、自分の行動を正当化しないではおれないようなとき、この種の介入が一種の認知的不協和（cognitive dissonance）をもたらすことがある。この戦略には、おおまかに次のような二つの形態がある。

（a）変化を抑制する。

【例】：「これまでこれをかなり熱心にやってこられましたが、どうもこれといった成果があがりません。これ以上これをつづけるのはおそらく賢明ではなさそうですし、割に合わない感じもするのですが、いかがでしょう」。あるいはまた、「これは格別に厄介な問題ですから、うまくいくという保証が得られるまでもう少しゆっくりやってみる（go slowly）べきだろうと思われるのですが、いかがでしょう」。あるいはまた、「非難することであなたの望んだ結果となっているのですから、どうして非難を止めてしまおうなんてお考えなのですか？」

（b）症状を処方する。

【例】：反抗的な十代の子に、「君が自己主張をつづけることは、ご両親にとっても、どうやったら子どもの行動に歯止めがかけられるかを学んでもらうことなのです。ですから、君の行動はとても大切なのです」（これはまた、変化の抑制でもあり、反抗的な行動を親の支配からの解放という課題にリフレームすることでもある。）

6　問題の永続的なリフレーミング。

これまでに示した使用法に加え、とても受け入れられないようなことを受け入れてもらおうとするとき、つまり、長期間にわたって夢も希望もなく成功の見込みさえおぼつかないような病気の治療に、人の気持ちを何とか持ちこたえさせるための課題を受け入れてもらおうとするとき、何にもましてこの種のリフレーミングが力になる。

【例】：多発性（脳脊髄）硬化症に悩むある男性が自らの病を「受け入れ」たいと願ったが、それはとても乗り越えがたい課題であることがわかった。その理由のひとつに、受け入れるということの意味がこの男性にはどうもしっくりこないということがあった。そういう事情を考慮して、多発性（脳脊髄）硬化症を受け入れないことが、むしろこの男性の力になっていると説明した（このようにリフレーミングをすることによって、この男性は、自らが望む「正常な」暮らしをいとなむべく、果敢な努力をつづけたのだった）。

7　取り組むべき別の問題を探す。

ひとつの点でも効を奏したセラピー経験をもっていると、他の領域での変化も促進されることがある。これは、たとえば、広場恐怖を伴うパニック障害のクライエントなどによく用いる戦術である。レストランに入れないということがまさに正念場になっているようなクライエントの場合、レストランでの脱感作訓練には応じないかもしれないが、乗り物での移動はどうしても避けられないことから、自動車を運転するための脱感作訓練なら応じるだろう。

8　システムを拡大する。

問題について潜在的には何らかの関心があり、その問題にちょっとした光を投げかけてくれそうな関係者を導入する。

【例】：ある若い女性は亜型の衝動制御の障害（atypical impulse disorder）／発作障害（seizure disorder）のために薬物療法を受けていたが、治療成果は限られていた。そこで、この女性の母親にセラピーにきてもらった。母親は「これぐらいのかんしゃくなら、わが家のだれもがそうなのです」とのべた。こうして、クライエントの行動の大部分が対人関係の問題であり、かんしゃくに近いものではないだろうかというセラピストの予想が裏づけられた。

9　問題に対する例外に力点をおいてきたかどうか、あるいは問題と矛盾する点を強調してきたかどうかを確認する。

【例】：「私がまだどうも理解できないのは、職場では腹立たしい気持ちがコントロールできるのに、どうしてお家ではそれができないのだろうかということです。職場では怒りのコントロールに役立つようなことを何かしておられるのですか？」このように聞くと、自分の行動がどのような結果をもたらすのかの予測がゆったりとした気持ちになるための方法である、などとクライエントが語ってくれることもある。そうすれば、そのプロセスをさらに詳しく調べることもできるし、そのプロセスをほかの場面に般化させることもできる。

10　クライエントに、これまでと何か違ったことを実行すればどうなるだろうかということを予言してもらうとともに、何も変えなければ将来何が起こるのかを予言してもらう。

【例】：「もし一年間これと同じ状態が続いているとすれば、いったい何が起こると思いますか？　その代わり、あなたがもしXを行ったら、状況はどう違ってくるのでしょうか？」それから、クライエントに変化することの賛否リストを作ってもらう。

11　明らかに変化への動機づけのあるクライエントがいないときは、「円環的」質問（"circular" questioning）を用いる（Johnson, 1989）を参照のこと）。

これは、まだ変化への動機づけのあるクライエントとはいえない不安定な人物やそうしたクライエントのいない家族と作業をするときにとくに役立つことがある。炎天下で毛ばり釣りをするときのように、これには多少の技術と訓練とがいる。質問の投げかけは、穏やかでゆったりかつ慎重に行う。それは、セラピストにとってもクライエントにとっても問題の見通しとなりそうなことを、まるでセラピストが探りあてるかのように行う。しかも、その見通しとは、だれかがそれにしたがって自主的に動きだせるようなものを指している。どこかで手がかりのひとかけらでも得られたら、それと同じ地点でもう一度質問を投げかける。

【例】：あなたがここにくるのを決めたのはだれですか？　何があなたを決意させたのですか？　この問題にもっとも熱心に取り組んでいるのはだれですか？　真っ先に変化に気づくのはだれでしょう？　皆はそれについてどう言うでしょう？　あなたなら違いにどう気づきますか？　違いに気づくのにもっとも小さな変化とは何ですか？　夫が変わったら、それはあなたにとって何を意味しますか？　たとえ夫が変わらなくも、これまでよりも幸せになる方法が見つかれば、それにこしたことはないですか？　妻がガミガミいわなくなったら、それはあなたにとって何が違うことになりますか？　妻の行動に何らかの影響を与えるのではないかと思うことで、これまであなたがやってきたことは何ですか？　もう少しそれを試してみたい気持ちがありますか？

ヒント：前記の質問の効果は、外在化（externalization）している問題がだれの「所有（ownership）」なのかを見いだそうとする努力のなかで、次第に内在化（internalization）の方向に移動していくことにある、ということに留意する。以前にものべたとおり、非クライエントは問題解決を自分たちの埒外のことと認識しているためである。これと対照的に、問題を内在化したままでいる純粋なクライエントの場合には、その問題を外在化していくように心がける。

12　解決よりも問題に焦点をあてすぎていないかどうかを検討する。問題からの抜け道を探さないでいて、ただ単に、クライエントとともに目を覆ってしまっている問題に含まれる数限りない些事にのめり込んでばかりいないかどうかに気をつける。セラピスト自身がとてつもない「プロセス」だと感じたら、その自覚こそが、今のところクライエントあるいは少なくとも焦点化すべき対象者がまだ存在しないことを知らせてくれるヒントなのかもしれない。変化への動機づけのあるクライエントがまだいないなら、非クライエントにもっとも効果のありそうな介入に立ち返る。変化への動機づけのあるクライエントがいるとわかったら、そこから解決の形成（solution formation）に重きをおいた作業を開始する。

13　直面化や行動解釈の機会を逸していないかどうかを検討する。とはいえ、直面化や解釈は、まだ現実のものとなっていない潜在的な治療成果を蝕むこともある。解釈というのは単に意味を明確化しようとするだけであるが、直面化というのは洞察ないし有意義な経験を非難することなく育てていくことを目的としたものである〔Orlinsky &

Howard, 1986〕。

直面化や解釈は、不正確さ、誤解、緊張の増大、クライエントのドロップ・アウトなどの可能性を高めてしまうおそれがあるという理由で、その使用には危険をともなうことがある（〔Henry, Strupp, Schact, & Gaston, 1994〕を参照のこと）。しかし、技能豊かにそれらを用いれば、やる気は乏しいが執着心の強い患者の動機づけに成功することもある。

14　セラピーがスムーズに進行しないようなら、セラピストの仕事を立て直してくれるよき相談役（consultant）を見つける。

セラピストがバランスを失ったり、専門家としてクライエントと適切な情緒的距離が保てなくなったりするとき、このような相談役の存在が何にもまして貴重になる。

15　セラピストによる心理療法の実施それ自体に、日常のユーモアのセンスや素朴な楽しみを導入する。

気まぐれでされるのでなければ、クライエントからの感謝や同僚からの無邪気なほめことばは、そう滅多にない報酬である。

クライエント自身が治療に対して非協力的なときの戦略

1　心理療法の現実的な限界を説明する。

（a）直截な発言を考慮しなければならないのは、次のような効果をねらうときである。「人の行動を変えようとするだけであなた自身の行動が変わらなければ、心理療法もあまり効果が上がらないということがわかってきましたね」。（あるいは、どんな問題であれ、変化を受け入れようとしないことが問題なのかもしれない。）非難されるとわかっているのなら、問題の本質もしくは心理療法の限界を指摘することは重要である。もっともそれは、クライエントの問題や限界を指摘することではない。クライエントの行動に対して直に直面化することまでも恥じる必要はないし、むしろそれが、将来的にはクライエントとの肯定的な協力関係の形成に道を開くことになるかもしれない。

（b）より間接的なアプローチを考慮しなければならないのは、次のような効果をねらうときで、「お気の毒ですが（bad luck）」ということばを概念化するようなものである。「この問題はあなたには何も関係がありませんし、この問題に関してあなたにできそうなことは何もありませんから、あなたがセラピーにこられた理由が私にはどうもピンときません。これは、率直に申し上げて、セラピーではお役に立てそうにない運のない（あるいは、おそらく「タイミングが悪い」）ケースのように私には思われます」。このようにいうと、セラピーがどれだけ自分の力になってくれそうかわからないという疑問を患者がいだいても、それは決して不思議なことではないという安心感を患者に与えることになる〔Johnson, 1991a〕。

2　これまでほかのセラピストに紹介されたことのない患者なら、紹介することも検討する。しかし、他のセラピストが現在の担当者の問題をそのまま引き継ぐだけにすぎないと予想されるなら、その場合は紹介すべきで〈ない〉。システムをたらい回しにされる患者がどれだけ不幸か、ということがその理由である。

3　「契約書」を取り出してこなければならないのは、「正当な理由があって」どんな指示にも決して従わない患者とのセラピーを終えるときである（〔Richardson & Austad, 1991〕を参照のこと）。

ただし、もし、懇切だがあくまでシステミックな観点でクライエントの解決努力の手伝いをあれこれ試したにもかかわらず、どんな恩恵も受けず、このままセラピーを続行することの愚かさがセラピストにもっと早い段階で看取されるなら、おそらくこのような事態を招くこともなかろう。

第六章　臨床現場における特別な話題

本章では、これからあげるような話題を包括的に取り上げるのではなく、いかにすればブリーフ・セラピーの原則を臨床実践のさまざまな局面に統合できるのかということについて、読者にちょっとしたアイデアを提供しようと思う。さらなる理解には、巻末や付加資料にある参考文献にあたられることをお勧めする。

他の話題にすすむ前に、短期治療の変数（パラメーター）についてひとこと整理してみる。

ブリーフ・セラピーの禁忌

精神科医のところに足を運ぶと、だれでも自分の頭を診てもらわなければならない。

――サム・ゴールドウィン（＊6）

（対立するアプローチとして）ブリーフ・セラピーの禁忌を論じている文献を見ると、統計的データからしても実験的データからしても、そこにはブリーフ・セラピーを禁忌する本質的な根拠など何も見あたらない（〔Bloom, 1992; Budman & Gurman, 1988〕を参照のこと）。これは、ブリーフ・セラピーがどのようなクライエントにも適しているということをいっているのではない。ブリーフ・セラピーが短期治療を排除することで、現実には、その心理療法の成功変数を記述しているにすぎないのである。もっとも、そのような心理療法は、ときとして自身の治療法の利点を売り込みすぎているきらいはあるが（〔LeShan, 1990〕を参照のこと）。

ブリーフ・セラピーの排除基準があるのは、主に心理力動に主眼をおく著者たちに関連するものだが、あくまでその基準は、経験的というよりは理論的なものにもとづいている。だいたいにおいて、これらの基準は、（何らかの人格障害を含む）重篤で慢性的な精神病理、現実検討の欠如、心理療法がうまくいかなかったこれまでの歴史（おそらくこれは、治療に長い期間がかかり、さまざまな治療を受けてきたという歴史のことを指している）、変化に対して適切

＊6　サミュエル・ゴールドウィン〔Samuel Goldwyn, 1882 - 1974〕。ポーランド生まれの映画製作者。草創期のハリウッドで活躍。『偽りの花園』（一九四一）はアカデミー賞九部門を獲得した。

な動機がないこと、に触れていることが多い。これに対して戦略派のセラピーでは、だれかに問題への認識があり、その問題を個別に定義できさえすれば、たとえそれがどのような問題であったとしても、けっして排除されることはない〔Cade & O'Hanlon, 1993; Madanes, 1981〕。

上記のような種類の問題の治療が成功するかどうかは、どうも、患者の提示の仕方やセラピストの方向性ないし技量の幅が、どれだけその場に則したものかということによるものと思われる。また、そのような幅がないと治療はうまくいかないようにも思われる。

また、重篤な精神病理を変容させることができる場合というのは、焦点をあて、ときには集中的で、おそらく長期間にわたる断続的な努力の末にようやく可能になるのではなかろうか、という点も議論の的にすることもできる。これこそまさに、ブリーフ・セラピーの原則と調和している点である。ただ、時間制限を厳格に考えるごく少数のものだけが、その本質的な特徴からして、この点と矛盾するだけのことである。言い換えると、一般に心理療法といってもそれは発展途上の治療オプションのひとつにすぎないという現状を考慮すれば、まずはブリーフ・セラピーを試す価値もあろう、ということである。

重篤な問題にブリーフ・セラピーは禁忌であるという見解を正すさいに、さらに議論しなければならないことは、「困難」といわれる患者をブリーフ・セラピーといった治療から排除することでいったいだれが利益を得るのか、という問いかけの中に見いだせる。受益者のひとりであると考えられるのは、ブリーフ・セラピーに好感をもたないセラピストである。もしそうだとすれば、ブリーフ・セラピーの禁忌は、患者のニードや患者の潜在的な利益の問題ではなく、あくまで臨床家の好みの問題ということになるのかもしれない。

家族やカップルや子どもとの作業

カップルや家族に対するブリーフ・セラピーのアプローチを徹底的に詳しくのべることは本書の範囲を越えている。しかしすでに、これまでの章で概観したブリーフ・セラピーの仮定や原則やアプローチは、家族やカップルや子どもの治療の領域にまで広がっている（たとえば、〔Bloom, 1992; Budman & Gurman, 1988; Budman et al., 1992; Gurman & Kniskern, 1991; Hudson & O'Hanlon, 1992; Kreilkamp, 1989; Selekman, 1991; Todd & Selekman, 1991; Wells & Gianetti, 1993, 1990; Weeks & Treat, 1992〕）。個人に対する治療と同様に、子どもや家族の治療においても、これまで常識的にいって必要だとされていたほどの時間をかけなくても有意義な変化は起こりうるし、その変化を持続させることもできる（たとえば、〔Smyrnios & Kirby, 1993〕を参照のこと）。

家族の治療に対するブリーフ・セラピーのアプローチは、小児科の行動医学において支配的になっている見方と多くの共通点がある。そこでは次のような観点から子どもや家族が取り扱われる〔Dixon & Stein, 1992〕。

1　子どもの行動は、何かほかに証拠となるものがない限り、「正常」なこととして扱う。

2　子どもや家族や環境にどのような強さ（strengths）があるのかを明らかにし、それを利用する。子どもの中にほんとうに何か欠落したものや困難なものがあったとしても、全部の問題が取り除かれることなどありえない。このような場合、「できることや元気」のある領域に治療のエネルギーをそそぐのがよい〔Brazelton, 1975〕。

3　発達における多様性がわれわれの人間行動の理解を定義づけるため、そのような多様性を認識し、尊重し、そしてその多様性を楽しむ。たとえば、家庭裁判所で次のような例があった。

Q　それでね、結局のところね、ゲイリー、君の反応はどれも口のこと（oral）にちがいないね。そういっていいのかな？

A　口のこと（oral）。
Q　歳はいくつになるの？
A　口の歳だよ（oral）。
（これはまた、短期の家族療法において、なぜ子どもに対してあまりたくさんの個別の時間が割けないかを示すよい例でもある）。

4　援助者は、親のかかえる問題の解決に彼らの相談役としての役目を果たす。子どもは変化への動機づけのあるクライエントというよりもそのような動機づけのないビジターもしくはコンプレイナントであることが多いため、両親は子どもの変化のけん引役であるとみなされる。さらに、親としての自信や能力は、相談役としての援助者との相互関係を通して、また、だれにでもある子ども時代の問題や家族の問題に援助者も親も一緒になって行う焦点化の努力を通して、鼓舞され築きあげられなければならない（たとえば、〔Schaefer & Millman, 1982〕）。

次に提案するいくつかの原則は、短期家族療法（brief family therapy）の考えを集約したものである。

1 機能的な家族（functional families）にも問題はつきものであるが，このような家族は自らのコーピング（対処能力）をだめにしたり硬直化したりはしない。家族はユニークなシステムとしてもっとも迅速に手当てされる。機能的な家族システムというのは，次のような次元をほどよく反映している。つまり，開かれた態度，個性の尊重，率直なコミュニケーション，明確な階層（hierarchies），柔軟なコントロール，そして自発的な相互作用の次元である〔Skynner, 1981〕。これらの次元は，治療のコンテクストとして用いられることもあるし，短期治療の経過の中で高められたり築きあげられたりすることもある。これらの次元が，あからさまにあるいはことさらのように，治療目標としてとり上げられるというわけではない。

2 このコンテクストの内側にある限り，機能不全におちいっている行動というのはもっぱら相互作用によって決定されるとみなされる。そこで，所与の状況にどうも見合わないような，あるいは発達的な推移を遂げるのに必ずしも十分とはいえないようなコーピング・パターンが，どのような相互作用によって生じているのかを探索する〔Budman & Gurman, 1988; Cade & O'Hanlon, 1993〕。

3　短期家族治療は焦点化された治療であり、はっきりとそれとわかる問題に焦点があてられるのが通例である。しかもその問題についての治療目標は、セラピストと家族との協働作業によって定義される。このことは、次のような二つの重要なことがらを暗示している。

（a）変化への動機づけのあるクライエント、コンプレイナント、それにビジターといったタイプがいったいだれかを的確に見分けることは、それぞれのタイプにあった介入を仕立てるうえで絶対に欠かせない。ところが、家族治療では、クライエントがひとつのタイプにおさまったままでいないことがよくある。それと同様に、患者として見なされた者（identified patient）が変化を求める人物とは必ずしもいえないこともある。たとえば、「私は反抗的で、そんな私を変えたいのです」などと宣言しながら、このこと治療にやってくる若者などまずいない〔Phelps, 1993, p.297〕。

似たようなことがカップルの治療においてもみられる。カップルの治療では、少なくともパートナーの片方がもう片方の行動を変えたいと望むのがふつうである。そうかと思えば、パートナーのどちらかが、カップルの治療が不可能になってしまうくらい相手とのかかわり方にアンビバレントな気持ちを抱いていることもある。ここでみられるような力動性が建設的な変化の可能性（possibility）を締め出してしまいがちになるので、実効性に欠けたり非難に終始したり個人としての責任を欠いたりするような行動に建設的な介入をすることが、家族との作業でセラピストの背負う課題となる〔Hudson & O'Hanlon, 1992〕。

（b）焦点をさらに発展させるということは、関係性というコンテクストにおける原則は別にして、これまで詳しく検討した原則を拡張することである。次に紹介するのは、焦点をさらに発展させ、変化への動機づけを左右するくらいの、査定のための有益な問いの例である〔Bergman, 1985; de Shazer, 1988; O'Hanlon & Weiner-Davis, 1989〕。

家族やカップルがやってきたのは、なぜ〈いま〉か？　問題をかかえているのはだれか？　めいめいは問題をどのように理解して（枠づけて）いるか？　皆が問題を同じように見ているか？　問題にもっともよく反応するのはだれか？　各自はどれくらい熱心にその問題に取り組むか？

症状や訴えがかなり限定されているときの治療は、症状に関する問いをすることで焦点化できることもある。

その症状（訴え）はどれくらいの頻度で起こるか？　いつ？　どこで？　それはどれくらいの期間続いているか？　それに応じてだれが何をするのか？　それはどれくらい効果的か？　症状が起こらないのはいつか？

達成目標を発展させるためには、個人の治療のところでのべた問いにいくつかの変化をもたせることで促進されることがある。

家族やカップルがうまく治療をやり遂げたら、これまでと何が違うようになるだろうか？　問題を静めるのに彼らがこれまで手を打ってきたことで、治療を終えたら生じるような最小の違いは何か？

できればそれぞれのクライエントに応じた、行動レベルのことばで達成目標を明確にする。目標を達成するための戦略のいくつかは、カスタマー、コンプレイナント、もしくはビジターといったクライエント・タイプにしたがって修正されなければならない。

4

子どもや家族の短期治療のほとんどは、変化というのは対人関係的、システム的に生じると考えられていることから、個体内の要因や人と無関係な環境要因はあまり重視しない。子どもを個別に治療するには長い時間がかかるが、それは先にのべた意味で彼らがカスタマーであると勘違いしているからである。したがって、子どもに個別治療を行うのはかなりまれである。そればかりでなく、子どもを親から隔離して治療すれば、子どもによほどの強い意志がない限り、（両）親の権威や能力は衰えていくことになる。もし子どもが治療に没頭しているようなら、それはしばしば子どもがカスタマーであろうと自らを仕向けた結果とっている態度である可能性があり、このような行動をとることで子どもたちはぶつぶつ言うコンプレイナントをこれ以上「困らせない」ようにしているのかもしれない。

5

セラピストは、問題の解決者、役割モデル、教師、観察者、個性を育む者といった多様な役割をもった人間として多彩に機能していることがある。転移、指示、催眠、ロール・プレイ、その他の道具なども、セラピスト側の勝手な思惑で用いられることさえあろう。セラピストが本来しなければならない仕事は、家族機能にある暗黙の「ルール」をもっと浮きぼりにさせ、その機能をもっと変化に耐えうるものにしていくことである。

ブリーフ・セラピーによる集団療法

隣人を愛せよ、されど生け垣を壊してはならぬ。

——スイスのことわざ

ブリーフ・セラピーによる集団療法は、多くの点で、家族療法の変形と見られることがある（集団に対する短期的アプローチをレヴューするには、〔Well & Gianetti, 1990〕を参照のこと）。一般に、ブリーフ・セラピーによる集団療法は、第二章で概観したように、基本的な価値観や短期療法に共通する治療原則によって他の集団療法とは区別される。

集団での治療はどこでもよく用いられる様式のひとつでありながら、いまのところ、集団療法が治療を構成する重要な要素になっているとはいえず、個人の治療と区別して最優先で実施されてきたこともない〔Bergin & Garfield, 1994〕。こうした風潮があるにもかかわらず、ブリーフ・セラピーによる集団療法には潜在的には次のような利益がある。

（1）同時にたくさんの人たちを治療することができること。カップルも含めこれらの人たちは、まとまりのある焦点として利用可能な類似の問題を共有している。

（2）他の成員をセラピストの補助者として活用できること〔Bloom, 1992〕。さらに加えれば、患者によっては集団にはいろいろな才能をもった人がいるものだということに格別の安心感を抱く者もいよう。

このような点から、集団療法が治療法のひとつとして選択されることがあるのは、思春期の子どもたちの抑うつやソーシャル・スキルの欠如といった問題（たとえば、フィン〔Fine, et al., 1989〕）や、あるいは、もともと時間制限的な治療や構造化された治療になじみやすいパニック障害などの限定された問題を扱う場合であろう。

どのような短期集団治療にも、おそらく次のような四つの要素があてはまるものと思われる〔Budman & Gurman, 1988〕。

1 集団を形成する前の準備とスクリーニング。
2 焦点を設定し維持すること。
3 集団としての凝集性（cohesion）を発展すること。
4 存在要因（existential factors）《訳注：成員にはそれぞれの生活があり、いつでもだれでもが治療に参加できるとは限らないこと》と時間的制約。

これらの要素を有しながら集団にとっての明確な焦点を維持することは、もちろん個人療法についても同様であるが、ブリーフ・セラピーによる集団療法においてはなおさら特徴的だといえよう。焦点の維持は、性質が均一でいわゆる作業志向的な集団ならおそらくそれほど大変な作業ではないだろう。しかし、「プロセス志向」の集団や定期的に新たな成員が交替して入ってくる集団では、だらだらと治療をつづけることがないようにするために、あるいは、ある特定の個人が同じ集団にずっと居座ってしまうことがないようにするために、焦点がとりわけ重要になることがある。

発達的なことを考慮しなければならないという理由から、とくに、児童期や青年期にある子どもたちの集団治療は、彼らの現在の問題に限定し、修正感情体験（corrective emotional experiences）に焦点を絞り、あるいは変化のプロセスへの積極的な関与に焦点をあてるべきである〔Scheidlinger, 1984〕。

どんな集団についてもいえるが、ブリーフ・セラピーによる集団療法にふさわしいクライエントかどうかを決めることは、結構大変なプロセスである。そうはいっても、短期集団治療を排除してしまう明確な理由もなさそうである（それは、ひどく混乱したクライエントや慢性の精神病に苦しむクライエントなどを例にとってもそうである）。つまり、目標や構造や治療者の介入がその集団の特徴にあった形で仕立てあげられれば、わざわざ「長期間を要する」モデルを採用することもないということである〔Klein, 1985〕。

適合しないクライエントの選別や、不十分なスクリーニング・プロセスの使用によって、ブリーフ・セラピーによる集団が得られるはずの治療的な利益までも相殺してしまうことのないように心がけなければならない。クライエントの選別にしろ不十分なスクリーニングにしろ、それらは短期治療を志向することで高まる効率性や有効性を犠牲にしてしまうだろう。

また、クライエントの選別という集団治療の特性は、その集団にどれだけ共同で作業する能力がそなわっているかということとも関係している。グループ・ワークにある治療的な機能や利点を左右するもののひとつに集団凝集性があるといわれているが、こうした仮定がある以上、とにかくそのような集団の凝集性に目を向けなければならない。このことは、集団が向ける焦点やどの程度作業志向的な集団であるかということとは無関係である。短期集団治療においてとりわけ骨の折れる作業は、集団の凝集性を高めながら集団の焦点を維持することである。もしそれが実現できれば、あとはとくに、査定の能力にすぐれ、セラピーに広いレパートリーがあり、ラポールを直ちに築くことのできる治療者が、訓練を積んだ積極的介入をどれくらい行うかということに短期集団療法の成功の鍵がある〔Garvin, 1990〕。

存在要因と時間要因は、あらかじめ決められた集団療法の終了に対して患者の気まぐれな反応をいかに予測し管理するかということと関係している。どの集団でも治療の終了という課題は参加者全員がそれをおおっぴらに議論する必要があるが、それだけでなく、集団が解かれた後にそれぞれの者がどのような生活を送るのかについても語られなければならない。この点は、対人関係のことに焦点をあてた集団ならなおさらである。また、患者の気まぐれな欠席という点については、治療のはじまりの時点で、それぞれの個人の目標を明確にし、患者の納得のいく治療期待を築くなどしておくと、それを未然に防止することができる。

人格変容を目指す集団については治療には一年以上の期間が割かれるといわれるのに対し、短期集団療法では、通常、(スキルの形成を目的とする集団について)週一回九〇分のセッションが連続八週間を超えるくらい行われる〔Budman & Gurman, 1988〕。とはいえ、時間にうるさい集団でもこれが唯一可能な形であるというわけではない。それは、時間を制限することが治療のプロセスに欠かせず、しかもそれが治療プロセスを推し進めるものであると考える短期療法の一派が、あえて前記のような形をとっているにすぎないだけのことである。

ひとつの集団に二人のファシリテータをおくモデルで訓練されてきた臨床家が多いことから、このような方法をそのまま短期治療に応用してよいのだろうかということについてちょっと整理しておく。短期治療の観点からすると、集団の導き手として複数の専門家をおいたとしても、それが明確な利益を生むわけではない。リーダー二人によって導かれる集団というのはちょうど家族システムの理論モデルに相当し、それはグループ・ワークを容易にするだけでなく、気心の知れたセラピストとのワークをいっそう楽しいものにしてくれる。しかしながら、集団というコンテクストのなかで、二人のリーダーのどちらもがそれぞれ集団成員の問題にてきぱきとかかわれないことほどやりにくいことはない。それに、時間の浪費でもある。

リーダーが二人いれば、大集団や非常に扱いにくい集団の焦点を維持するのに役立つし、集団のモデルとなる行動を示すのにも役立つ。それに、なるほど、訓練目的のためなら有益でもあろう。しかしながら、このような潜在的利益は、二人のリーダーをおくのにかかる時間、経費、そして二人の臨床家を用いるだけに見合う治療成果が得られるかどうかといった点とも比較考量されなければならない。

短期治療で正式な査定を活用すること

ブリーフ・セラピーには「準備、発射、照準」という姿勢があるとみなされることから、それが正式な査定（ひょっとするとそれは、「準備、準備、準備」という具合に表現されよう。）とどのように結びつくのだろうかという疑問が興味あるジレンマを引き起こす。テストを行うことの限界やテスト結果をどのように活用するかといったことが、とかく時間に敏感な設定の中で行われることだからこそ、格別に鮮明なものになっていく。次のような例がある。

敵意に満ち、はじめから一見してパラノイアではないかと疑わせるような患者を治療していたセラピストが、その患者のパラノイアの程度を確かめるために、テストを実施してみようと思いたった。そのうち、セラピストは、以前すでにＭＭＰＩが実施され、解釈済みのプロフィールが図示されていることに気づいた。自分の解釈を正当化するための見えすいた誇張など微塵もうかがえないにもかかわらず、それは患者のあらわすものを実にみごとにとらえていた。そこで、これを解釈した同僚に、どうやってこのテスト結果からこれほどまでにみごとな記述ができたのかをたずねた。するとその同僚は、「ああ、それは簡単だよ。というのは、私はあの人を前から知っていたからだよ」と答えた。

心理療法を行いながらテストにまわすときの目的には、典型的にいって、次のようなものがある。（1）診断的分類を行い、診断結果を（あまり適切ではないが）「確認すること」、（2）治療計画の補助役割にすること、（3）神経学的、発達的、あるいは認知的問題を発見すること。

ブリーフ・セラピーで正式なテストをおさだまりに行うことは、効率的とはいえず、その必要性にも乏しい。その理由は次のとおりである。

1　テストの実施、スコアリング、解釈、そして患者とのテスト結果の振り返りにかかる時間を考えると、それと同じ時間で治療が済ませられる患者も少なくない。

2 診断と治療は連続した査定プロセスである。併存的妥当性（concurrent validity）のためにテストを実行すること、すなわち、治療を試みる前に患者の正確な診断や理解を「確認すること」は、次のようなことをいっているようなものである。つまり、初期データにもとづいて、即座ではあるが十分に考えたうえでの介入を行ってのちに、さらにその結果に合わせて治療的調整を行うことは、われわれが自分自身のみならず患者をも信頼していないのではないかということである。

　さらにいえば、テスト結果に基礎をおく診断にどれだけの価値があるのだろうかという疑問を抜きにしても、多くの心理テストによって測定される構成概念（constructs）には、いまのところ一貫した統一見解がないというのが実情である。人格障害についてはとくにそうだが、その他の多くの障害についても、客観的な「絶対基準（gold standard）」がないことが、テスト結果に基礎をおく診断にさらに疑義をさしはさむものとなっている。

3 ブリーフ・セラピーにおいて能率のよいテストとは、治療の妥当性をさらに向上させるものでなければならない。つまりそれは、治療方針が間違っていないこと（あるいは、間違っていたこと）を裏づけるためだけでなく、治療の進行をさらに推し進めるものでなければならない。

4 詳しく診断することはどの心理療法にも大切なことであるが、ふつうそれは、技能豊かな質問や観察にも利用される〔Zubin, 1989〕。ブリーフ・セラピーにおいて詳しい診断をするということは、通常、クライエントが問題をどのように概念化しているか、事態を変えようとしてこれまでどのような努力をつづけてきたか、コーピングにはどのようなパターンがあるか、何か違ったことを実行するだけの動機づけがあるか、といったことを含んでいるのである。

5 患者による問題の受け止め方と、テスト・データによって明らかにされる問題の把握の仕方とは、同一でないことがほとんどである。だいたいのテストは基準を中心にして考え記述的でもあるが、それに対して治療は、問題について個々に理論が組み立てられるという考えにもとづいて個々のクライエントに仕立てられるものである。したがって、テストを実施することで明らかになる問題が、患者の関心事とあまり一致しないということも起こる。

このような理由を考慮すると、短期治療でセラピストがテストを生産的に活用するためには、あるいは次のような示唆が役立つかもしれない。

1　もし患者と「立ち往生」してしまうようなら、テストを実施する前に経験や技量のある同僚もしくはスーパーヴァイザーと簡単なコンサルテーションをするとテストよりもさらに有効な手立てが見つかるかもしれない。ともかく、テストの実施が必ずしも具体的な介入法を示唆してくれるとは限らない。

2　その患者が動機づけの乏しいビジターやコンプレイナントではなく、ほんとうに変化への動機づけの強いカスタマーであるかどうかを検討する。テストを実施しても、自分以外の人のためにその人が変わるといったことにお目にかかったことがない。

3　神経学的問題あるいは認知的欠陥が疑われるなら、すぐさまテストにまわすべきである。これらの問題は心理療法の効果を妨げる可能性があり、まったく違った介入が必要になることもある。

4　正式な査定は、治療においては、併存的妥当性のためというよりも戦略的な意図からそれを用いる。つまり、テストを使用することによって、クライエントが問題理解を深め、そのことで結果的にクライエントが望ましい反応に近づけるようにする。テスト結果は常にクライエントと一緒に振り返り、そのさい、病理的な用語は使わない。

5　テストを日常業務のなかでの決められた手順として行いたいということなら、具体的で、臨床目的にも使え、さらに統計的裏づけにもしっかりとした簡便なテストを用いるか、あるいは、長い時間がかかるが幅広い次元をみることができるテストまたはそれに類するテストをバッテリーとして組み合わせて用いるか、のどちらが適当かを比較考量する。長い時間がかかるテストには、コンピュータ・プログラムが利用でき、そのプログラムがなかなかの出来栄えならば、コンピュータによってテストをスコアリングしたりそのプロトコールを用いたりすることを検討する。

6　テストの実施方法、テストの限界、そしてテスト用語に馴染んでおくこと。

多文化主義とブリーフ・セラピー

姉妹関係にある二国のきょうだい感情を弱めたいと望む者はだれでも両国の敵となる。

——Sir Boyle Roach

異なる文化をもつクライエントとの短期的な作業について徹底的に論議することは、本書の範囲を超えている。しかしながら、米国において急速に変化する人口構成が、われわれに否応なくこの対象となる者に目を向けさせる。その者とは、便宜上、アフリカ系アメリカ人、アジア系アメリカ人、ラテン系アメリカ人、アメリカの先住民族と呼ばれる人たちのことを指している。（おそらくまた、十代の若者といっしょにいる親たちも、自分たちが異文化の問題を抱えていることに一票を投じることだろう）。同性愛や性差の問題については、この文脈からは議論の対象としない。

どんなセラピーでも、クライエントの問題について暗黙の了解のあることがセラピーの進行をうながすことがあるのと同様に、文化的に異なった背景をもつ患者とのセラピーでも、セラピストがそれぞれの文化に固有の知識や処し方を身につけていることが、セラピーの場でも役に立つことがある。不運にも、このような知識や処し方を身につけるには長い過程がいり、そのあいだ多くの患者のニードは待ってはくれない。さらに、多文化主義という現代的な概念は、人種集団と民族集団との関係を過度に単純化してしまいがちになる。歴史的観点からすれば、それらのあいだにはどれも単純なパターンなど見当たらないのである（〔Sowell, 1994〕を参照）。

このような複雑さは、少数民族に関する心理療法の研究や実践にまで広がっている。そこでは、どんな治療が、どんなクライエントに、どんな条件下でもっとも作用するのかという疑問がほとんど答えられないままになっている。

精力的な研究や独自の方法論を試そうとする取り組み（たとえば、文化による効果を他の治療要因と区別するなど）が不足しているが、異文化に効果的な作用を及ぼすには、ある一定の条件が関係しているかもしれないということを示唆するものもある。これら一定条件というのがブリーフ・セラピーにある「構成主義者」的感性とぴったりと一致しているのである。以下に含まれるのがその条件である。

1　少数民族の集団もしくは個人という性質が多少ともみられるような、民族的類似性がクライエントとセラピストとのあいだにあること。

2 文化的に共鳴しやすい治療形態を用いること。

3 変化への動機づけのあるクライエントとして見込みのありそうな人物にセラピー前の介入や教育を行うこと。

4 文化的な気づきを高め、問題をその文化に固有な方法で表現するための訓練を積むこと。

5 民族的小集団にある異質性にセラピストが敏感であること。

第二章でのべたブリーフ・セラピーの一般原則を振り返ると、それらの原則が、異文化や民族集団に対して効果的な治療をするための基礎概念、つまり信頼できること（credibility）と与えること（giving）という概念〔Sue & Zane, 1987〕ともまた一致していることがわかる。信頼できることに不可欠なのはすばやい成果がみられることであり、それが継続的な治療を保証するのを助ける。それは以下のことをとおして達成される。（1）問題の概念化に一致があること、（2）問題解決の方法がその文化に沿ったものであること（これは、ある特定の文化における問題の典型的な扱い方を学ぶ必要性があるということを示している）。（3）治療目標についてセラピストとクライエントとのあいだで相互に同意があること。

与えることに含まれるのは、たとえ初回セッションであっても、治療からの利益あるいは「贈り物」がやや早く提供されることである。これらの贈り物には、「不安の低減、抑うつ感の軽減、認知的明快さ、正常化（normalization）、保証、希望や確信、技術の獲得、コーピングの視点、目標設定」〔Sue & Zane, 1987, p.42〕といったことがあげられよう。

多文化にかかわる作業をすることがあるのなら、これに加えて次のようなちょっとしたヒントもある。

1　その文化の歴史、儀式、哲学、とりわけ治療で見かける課題と関連しそうなものを何か学ぶ。これには、「いやし人（healer）」ともいえる家族の役割や、支配的なビリーフあるいは価値システムが含まれるかもしれない。これらのものを表面化しながら短期治療のアプローチに組み込むような方法も、あるいは考えられるかもしれない。たとえば、あまり異文化《訳注：アメリカ文化のこと》の影響を受けていないアジア系のクライエントなら、アジア系ではないクライエントほどには、身体症状と情緒的症状とを区別しないかもしれない。ただ、こうした枠組みの中ではとても援助的介入など組み立てようがないという理由もまたない。

2　どのクライエントについてもいえることだが、クライエントの文化についてあまり知っていそうにない者から、セラピーにどれだけ親しみを感じ、援助を求めることでどれだけ気持ちが和むかを聞くことは、ことによると賢明でもある。関心を示しながら他人をもっとよく理解しようとする姿勢は、相互理解を高めるだけでなく、生産的な作業への橋渡しとなり、あるいはクライエントにとってより適切な紹介（referral）を可能にするかもしれない。

3　文化が違うという理由でその人を援助できないと端から決めつけたり、あるいは逆に、自分と同じような文化的あるいは民族的背景があるからというだけで、その人なら絶対に理解できるにちがいないと考えることは控えるべきである。文化的あるいは民族的に仮定されていることを個人に適用するとき、同時に限界も存在するのだということを忘れてはならない。

薬物療法とブリーフ・セラピー

〔対人関係の〕悩みを扱わずして〔薬物で〕うつ病を治療することは、花屋で働く患者に花粉症の治療をするようなものだ。

——E・イェーツ〔Yeats, E., 1989, p.54〕

精神保健の分野で最近とみに流行っているのは、心理的な問題を、「生物心理社会的（biopsychosocial）」つまり多次元的相互的な要素によって構成されているものとして扱うことである（たとえば、〔Barlow, 1988〕を参照）。この考えをさらに押し進めると、主たる治療方法とまではいかなくても、薬物療法に治療をたよるということが当然の帰結として起こってくる。

しかしながら、ブリーフ・サイコセラピーの形態を有するもののなかには、たいていの問題の治療に、それ自身を単独で用いるか、あるいはいくつかのアプローチを組み合わせて用いるかして、薬物療法以上とまではいわないにしろ、ほぼそれに匹敵するくらいの治療効果を得ているものもある（たとえば、〔Hollon & Beck, 1994〕を見よ）。もしそうなら、具体的な問題を扱うさいの、相対的効率、費用、患者の快適さ、セラピストの技量、といった問題が考慮されるべき重要な要素となる。

たとえばうつ病を例にとると、標準的な認知‐行動的治療は、事例によっては「薬一服分」の治療効果を得るのに薬物療法よりも長い時間がかかるかもしれないが、夢も希望もないという気持ちに関しては、以前よりもっとひどくなるという事態を予防し、それに応じた手立てもすばやく講じられるという可能性を秘めている（たとえば、〔Hollen et al., 1992〕）。それに比べ、解決志向ブリーフ・セラピーは、短い時間で治療成果を得るという点では認知‐行動的治療や薬物療法のどちらよりも有望である（診断カテゴリーを含めると訪問回数の平均は四・六回）が、今後、条件を統制してこれを検証する必要もある〔de Shazer, 1991b; Johnson & Miller, 1994〕。

統制された研究で効果ありとされるものが、実践では必ずしも有効なものとは限らないということに留意することも大切である。それに加え、たとえば、抗うつ剤による薬物療法の効果を記録するのに用いられた統制研究それ自体が、批判せざるをえない状況になっているという事実もここで銘記するに値しよう〔Greenberg, Bornstein, Greenberg, & Fisher, 1992a; 1992b〕。

薬物療法には純粋な治療効果があるにもかかわらず、潜在的には次のような多様な問題もはらんでいる（これらの多くは、実は心理療法にも共通する問題でもある）。それは、実践家の技量とアクセスのしやすさ（accessibility）、費用、さまざまなレベルの患者の非従順さ、（わずかなベンゾジアゼピン（*7）に対する）リバウンド効果、身体的心理的依存性、過剰な服用などによる好ましくない副作用、患者の代謝変動、治療効果に必要な期間、再発予防といった問題である。患者によっては、薬物療法がまた、ひとりの人間としての彼らの責任感や統制感を薄れさせてしまうこともある。

薬物療法を要請するためのガイドライン

薬物療法を適切に要請するのに必要な臨床的判断力を簡便に身につける方法などない。臨床家の好みは、おそらく、臨床関係の文献によるのと同じくらい、訓練や経験や信条によって培われていくように思われる。たとえそれが定評ある生物化学的基盤をもっているものだとしても、あらゆる種類の訴えに対して薬物療法を行おうとすることは、薬物療法を全然行わないの

*7　benzodiazepines 骨格を基本構造とする化合物の群の総称。催眠鎮静作用、骨格筋弛緩作用、抗不安作用などの薬理効果がある。

と同様に意味がない（というのは、行動にはすべて生物学的基盤があるからである）。短期治療において薬物療法の有益な要請を行うためのヒントを、次にいくつかあげてみよう。

1　精神薬理学（psychopharmacology）と行動の生物学基礎について学ぶ。それによって実践の質が向上するだろう。

2　以下のようなことがあれば、薬物療法の必要性をかなり考えなければならない。

（a）患者が薬物療法を望み、かかえる問題も薬物療法にふさわしいものであるとき。

（b）薬物療法に対して、患者がこれまでポジティブな反応をしたことがあること。

（c）周到な心理療法だったにもかかわらず、患者がそれにあまり乗らなかった経緯があるとき。

（d）薬物療法に好反応を示す問題であるにもかかわらず、患者に薬物を服用させることがこれまで患者の家族の「負担」となったことがあること。

（e）当該の問題に対し薬物療法を最初に選択することが、臨床関係の文献から支持されるとき（たとえば、双極性もしくは分裂病的色彩のある精神障害）。

（f）重症もしくは慢性的症状がきわめて顕著なとき。

3 ただ単に、問題をどう扱ってよいのか皆目見当がつかないとか、投薬が選択肢のひとつだからという理由だけでは、薬物療法を要請してはならない。まずは相談などしながら自力で心理療法の向上をはかる。さもなければ、このほうがなお一層よいのだが、同じような問題に取り組むことで自らの技量をのばすことである。

4 薬物療法かセラピーのどちらか一方もしくは両方とも可能であると考えられるような問題に対しては、改善がみられるかどうかを観察するために、まず、一、二セッションほどセラピーを試みるとよい。ここで考えていることは、ブリーフ・セラピーにある「触媒的」要素を利用してみてはどうかということであり、これが変化のスピードを速める役割を果たすことがある〔Eckert, 1993〕。

ブリーフ・セラピストになること

ブリーフ・セラピーは、少しのことでより多くのことを成し遂げようとするので、臨床家にもあまり多くを求めないだろうとみられやすい。実際問題としては、その逆が真実である。効果的なブリーフ・セラピストであるためには、考え抜いた困難な決断をいち早く行わなければならないが、セラピーをせかすことなどしない。ブリーフ・セラピーのための技量は、通常、経験や絶え間ない教育や実践活動から培われるものである。こうした努力を辛抱強くつづけることのできるセラピストには、その報酬として、大きくて困難で多様なケース・ロードであってもそれを難なくこなせられる能力、さらには、たくさんの人に迅速で確実な変化を起こさせうる力量が与えられる。これらは、セラピストにとって実に意義深いものである。ブリーフ・セラピストになる道のりを案内するヒントを次にいくつかあげてみよう。

1　クライエントとの作業を導くようなセラピストの態度や信念について注意深く検討する。

このような態度や信念をブリーフ・セラピーにみられる価値観と相互に参照したのが、第二章でリスト化したものである。どちらかといえば両者に調和感がないようなら、現在の仕事の基盤となっているものをどれだけ変えようとする心構えが自分の内にあるのかを検討する。

2　人間行動についてさまざまな角度からとらえているものを、できれば体系的に研究する。それには、ブリーフ・セラピーとはふつうあまり関連しないアプローチや技法も含まれる。

たとえば、対象関係論について訓練や教育を受けることは、対人関係のプロセスについての気づきや理解を高めるのに有効なことがある。時代や文化を超越した、人間についての読み物にあたるのもよい。ドストエフスキー、ディケンズ、あるいはマヤ・アンジェロウといった人たちの作品は、どんな人にとっても、（いつも調べてみてはどうかともちかけられる）専門書や学術雑誌以上に面白い読み物であり、彼らの観察のなかに人間の本質をあらわしているものが少なくない。

3　ちょっとした問題なら自分もクライエントのひとりであるということを頭に入れておくと、セラピーのさいの参考になることがある。

大小あろうが、このようなプロセスのなかで何が援助的といえるものなのかに注意を払うとよい。それはちょうど、何が援助的かはクライエントとの作業からわかるのと同じことかもしれない。

4　権威を鵜呑みにしない。

治療的アプローチに関連するあらゆることがらをそのまま受け入れてはならない。たとえもうすでに確立されたアプローチであっても、それが治療を進めるための唯一の方法であるにちがいないなどと鵜呑みにしない。ひとつのアプローチにあるもっとも有益で厳密とされる側面について批判的に考えることを学びつつ、その一方で、明白に定義された治療モデルの確立に向けて孤軍奮闘すること、つまり、つねに自分に合った治療モデルを発展させることが大切である。

5　危険を冒す。

たとえある特定のアプローチを専門としていなくても、（必要ならコンサルテーションを受けながら）セラピーで新しいことを試してみる。（どうすればその道の専門家となる道がほかにあるのだろうか？）たとえば、新しい準催眠的技法である眼球運動脱感作再処理法〔EMDR; Lipke & Botkin, 1992; Shapiro, 1989〕は、その治療メカニズムがまだ解明されてはいないが、習得が容易で、ＰＴＳＤ（心的外傷後ストレス障害）の症状を急激に低減させられる治療法である。こうした方法はやってみる価値がある。

6　幅広い能力を開発する。

新しい技法を試みることとは別に、いろいろなタイプの人や問題にすすんで取り組むもうとする気持ちも、ブリーフ・セラピーの観点からすると望ましいことである。これは、セラピストの仕事を新鮮でやり甲斐のあるものにし、自分をもっとたくさんの人のために役立てる存在とし、他の臨床家への不要な紹介を減らす。このことはいくら強調しても強調しすぎることはない。

もし臨床を実践していてどうしてもある部分だけがいつも回避されてしまうようならば、回避していることに自信をもち平気になるくらいまでの期間、人に助力を求めることを検討する。結局のところ、治療行為は全体としてよりよい方向に向かうものと思われる。

7　ブリーフ・セラピーの発想や技法はゆったりと統合する。

自分に合ったものとして取り入れたり破棄したりするまで、何かを試し、その効果を分析し、必要なら調節し、あるいはもう一度それを試す。自分のなかで個人的なフィードバック・ループを発展させるのである。

8　余裕のある限り最高のスーパービジョンとコンサルテーションを手に入れる。

クライエントに短期的介入をうながすような調子でコンサルテーションを構造化することは、とりわけ仲間とのスーパービジョンや集団スーパービジョンにおいて賢明なやり方である。ふだんから仲間に以下のように問うことで、スーパービジョンと同じような訓練がもたらされる。われわれがあなたにできる援助とはどんなことか？　いまなぜ、このケースがあてがわれているのか？　患者がセラピーから求めているものは何か？　どんな介入がどんな結果とのかかわりのなかで試みられたか？　このような問いが、クライエントとのあいだに起こる類似のプロセスをさらに確固たるものにしてくれるだろう。

ブリーフ・セラピーを理解するための用語集

ブリーフ・セラピー（Brief therapy）

セラピーとしての形態はさまざまだが、特有の概念と原則を、焦点化された目的的方法で計画的に用いることにその特徴がある。そして、効果と効率に重点がおかれる。これらの多様性に共通するのは、ブリーフ・セラピーが臨床面での一群の特徴と価値志向性を兼ね備えているということである。

短期力動的セラピー（Brief dynamic therapy）

他のブリーフ・セラピーと一般に区別されている点をあげると、動機づけがあり機能的な患者を治療対象として選び出すこと、転移と逆転移という概念を用いること、焦点となる精神内界の葛藤に直面化し解釈すること、および、終結での心理的意義を重視すること、である。

円環的質問（Circular Questioning）

様子を測りながら質問する過程で、これは、多くの情報を引き出したり、患者に、新しい認識や共感的理解やこれまでと異なる行動を脅威のないまま導いたりするために考案されたものである。とくに、セラピストもしくはクライエントのどちらかに行き詰まりがあるときに有益である。

協働（Collaboration）

患者が満足するような治療目標や治療結果を築き上げるプロセスのことを指す。セラピストには協働作業を行う義務がある。

コンプレイナント（Complainants）

問題の存在を認めはするが、自分自身が解決の一部だとみなさない患者のこと。彼らはよく「やっかいな」クライエントと記述されるが、それは彼らがすっかり困り果てているにもかかわらず、非難や無力感に終始するためである。問題解決は自分の埒外にあると思っている。

認知 - 行動療法（Cognitive-behavioral therapy）

セラピストとクライエントの双方で決めた目標を達成するのに、実証性に根ざす多様な技法に依拠する。誤った認知とクライエントの行動との相関関係に迫りながら、自己効力を獲得するために奮闘し、いまある問題を取り除こうとする。社会的学習（理論の）パラダイムを採用することが多い。

カスタマー（Customers）

変化への動機づけのある真のクライエント。問題があると認識するだけでなく、すすんでその問題に取り組んでいこうとする気持ちがあることに特徴がある。変化に対してカスタマーは自分が解決の一部であるとみなす。

宿題（Homework）

セッションとセッションのあいだの進展をうながすように考案され割りあてられたもの。広くとらえるとすれば、宿題は、クライエントのスキルを発展させたり、あるいは、クライエントが機能しながらも「身動きがつかなくなって」いるシステムをかき乱す。

対人関係的セラピー（Interpersonal therapy）

とりわけ抑うつなどの問題に対し、問題をはらんだ人間関係によって問題が維持されていると考え、そのような人間関係を表面化させながら治療していくアプローチ。

長期療法（Long-term therapy）

人の生育歴を（おそらく）安定した姿であると考え、そのやり直しをはかろうとするもの。

逆説的意図（Paradoxical intention）

ユーモアなどさまざまな介入があり、驚いたりクライエントの予想に反したりして意図的になされる介入のこと。問題を解決しようとするクライエントの努力がむしろ事態を悪化させるような固定的な行動に用いられることが多い。

リフレーミング（Reframing）

どのような形態のブリーフ・セラピーであっても必ず用いられる普遍的な治療技法で、ブリーフ・セラピーにとって非常に大切なものである。一般に、セラピストによって誘導される見方の変化のことをいい、そのようなものの見方の変化が、しばしばクライエントに態度と行動においても同様の変化を導くとされる。そのためには、問題行動の裏に肯定的な意図がないか、症状には肯定的な機能がないか、あるいは意図しなかった肯定的な結果となりはしなかったか、といったことをとくに探索する。

変化の抑制（Restraints from change）

セラピストがクライエント以上に熱心に作業に取り組むことに危険性が認められたり、あるいはクライエントが変化にアンビバレントな気持ちをいだいたりしているときに用いられる技法。

解決志向ブリーフ・セラピー（Solution-focused brief therapy）

あえていえば倹約精神から派生したシステム的セラピーである。質問の治療的活用、問題に対する例外の構築、問題やクライエントに本来備わっている解決法に迅速に移行することに重点がおかれる。

戦略的セラピー（Strategic therapy）

一般に、セラピスト主導による明確な介入のことを指し、その介入は具体的な問題に対して計画される。問題を変えようとして返ってその問題を持続させてしまいがちなものを問題とみる。症状は機能しているものとして扱われることが多い。変化に影響を与えるのは、主として、具体的な症状の治療によるとする。システム的で対人関係的であることが暗に含まれている。

構造的セラピー（Structural therapy）

家族システムでの交流過程を変えることで、直の問題に変化を創出しようとするもの。

システム的セラピー（Systemic therapy）

関係性や相互作用を通して問題を扱うセラピー。システム理論は、全体は部分の総和以上である、システムは変化に抵抗する傾向がある（ホメオスタシス）、システムの一部が変わるとそれが他の部分にも影響する、といった概念にもとづいている。セラピーというのはすべてシステム的に考えられて然るべきである。

ビジター（Visitors）

問題があるという認識のない患者。問題の存在は認めはするが、自分が解決の一部であるとの認識に乏しいコンプレイナントによってセラピーに連れてこられることが多い。

訳者あとがき

本書は、“A primer of Brief-Psychotherapy”(Cooper, J.F., W. W. Norton & Company, 1995) の全訳である。原題を直訳すると、「短期心理療法入門」とか「短期心理療法初等読本」とでもなろうが、いかにもこなれない。それだけでなく、内容からすると本書は、必ずしも心理療法の初心者だけをターゲットにしたものというわけではない。むしろ、何らかの理論やモデルをベースにした心理療法なりカウンセリングをある程度実践してきた臨床家が、自ら行っている援助的アプローチをいかに効率的・効果的なものにするにはどうすればよいかという疑問や要請に応えるためのもの、といったほうが近いように思う。これは、原題がブリーフ・セラピーではなく「ブリーフ・サイコセラピー」となっていることとも多少関係しているので、この点について少し触れておく。

まず、MRI (Mental Research Institute) や解決志向 (solution-focused) によるアプローチは、もともといかにすれば効率的・効果的なもの、つまりブリーフな治療モデルができあがるかを目指して構築されたものである。したがって、これらのアプローチは、MRI派ブリーフ・セラピーとか解決志向ブリーフ・セラピーなどというように、その療法の名称それ自体に「ブリーフ」ということばが使用されている。このとき使われる「ブリーフ・セラピー」という療法は、長期療法も含めた数多くの心理療法（サイコセラピー）のひとつとしてとらえられるとともに、ブリーフ・サイコセラピーのひとつとしてもとらえられる。

これに対して、たとえば短期精神力動的（brief psychodynamic）アプローチは、あくまで伝統的な精神分析療法の亜型（または簡易型）として発展したもので、治療技法や治療哲学についても精神分析の影響を強く受けている。伝統的な精神分析療法はブリーフであることを明確に意識して構築されたものではないという点で、その影響を受けている短期精神力動的アプローチは、先のMRIや解決志向などのアプローチとは必然的に問題（あるいは病気）の理解の仕方や用いられる技法なども異なってくる。しかし、本書の第二章にも取り上げられているように、治療の目標や焦点を明確にするということではブリーフの思想と合致しているため、これもブリーフ・サイコセラピーのひとつであるととらえることができる。

モデル構築の経緯という点からすると、対人関係的（interpersonal）もしくは認知―

行動的（cognitive-behavioral）といわれるアプローチも当初からブリーフであることを強く意識したものではない。しかしながら、現在の問題を査定しその問題の除去に力点をおくという実践形態や基本理念は、まさにブリーフとしての要件を多分に含んでおり、したがって、これらもブリーフ・サイコセラピーのひとつにちがいないのである。

このように見ていくと、原題にある「ブリーフ・サイコセラピー」ということばは、「効率や効果を重視するブリーフの思想と相反しないサイコセラピー」のことを指しているといえる。ということは、このような趣旨と矛盾しないほとんどの心理療法が本書の考慮対象となり、その意味で、本書でいうブリーフ・サイコセラピーとは多分に折衷的なものであるといえる。

これは、第一章で「ある特定の理論だけに盲従したりすることを目的としていない」と著者がのべていることからも明らかであるが、このことがさらに次のようなドグマを生む危険性がある。それは折衷的なアプローチもひとつの治療モデルではないかという疑問である。しかしながら、本書で紹介されているブリーフ・サイコセラピーとは、さまざまなアプローチに共通するブリーフの「原則」を要領よくまとめ上げた結果できあがった産物であり、これをひとつのアプローチであると狭くとらえ、無批判に（あるいは盲従して）これを実践してしまうことは著者の意図に反する。むしろ、それぞれの臨床家がおかれている機関や立場、援助する対象者の特殊性、さらにはこれまで各自が実践し馴染んできたアプローチなどに応じて自由に「自分流」（自己流ではない）のブリーフ・サイコセラピーを組み立ててもらいたいというのが著者の意図である。このような創意工夫のための自由度があることに、これまでいくつかのアプローチに接してきた訳者も魅力を感じている。

なお、原題で使われている「ブリーフ・サイコセラピー」ということばは、本文中ではほとんど「ブリーフ・セラピー」と表現されている。この場合の「ブリーフ・セラピー」ということばは、ある特定のアプローチを指すのではなく、あくまでこれまで説明してきた「ブリーフ・サイコセラピー」の意味で使われており、単にブリーフ・サイコセラピーの短縮表現にすぎない。用語のまぎらわしさから生じる混乱を避けるためにひとこと付け加えておきたい。

また、「クライエント」ということばが二つの意味で用いられていることにも留意されたい。ひとつは単に心理療法をもとめてやってきた人物という一般的な意味で用いられているが、もうひとつはそれに加えて「変化への動機づけのある」という意味がそこに含まれていることがある、ということである。原文では、変化や解決意欲についての動機づけのあるクライエントに「純粋な」とか「真の」とかいう修飾語が付されている場合もあるが、そのような修飾語が省略されている部分も少なくない。文意を明確にするために、単に心理療法を求めてやってきた人物という以上に、変化への動機づけがあるという意味をクライエントということばに含ませている場合には、訳文で「変化への動機づけのある」ということばを補足しておいた。

原著は百頁足らずのコンパクトな本だが、その中身はかなり濃い。英文も圧縮された表現が多く、日本語に訳出するのにはかなり苦労した。そのため、当初の出版予定を大幅に遅らせてしまったことをここでお詫びしなければならない。また、翻訳にあたっては共訳者の藤生先生と分担して行ったが、最終的なチェックと日本語としての統一はすべて岡本が担当した。本書を読まれた皆様からさまざまなご批判をいただければ幸いである。

最後に金剛出版の立石さんには今回もお世話になった。一向に進まない翻訳作業をじっと見守りながらも、要所では的確なアドバイスをいただいた。この場を借りて感謝申し上げたい。

訳者を代表して　岡本 吉生

Winston, A., Laikan, M., Pollack, J., Samstag, L. W., McCullough, L., & Muran, J. C. (1994). Short-term psychotherapy of personality disorders. American Journal of Psychiatry, 151(2), 190-194.

Wolberg, L. R. (1980). Handbook of short-term psychotherapy. New York: Thieme-Stratton.

Yalom, I. (1989). Love's executioner & other tales of psychotherapy. New York: Harper Perennial.

Yapko, M. (1992). Therapy with direction. In S. H. Budman, M. F. Hoyt, & S. Friedman (Eds.), The first session in brief therapy (pp.156-180). New York: Guilford.

Yeats, E. (1989). Pharmacotherapy from the perspective of family ecology. In J. M. Ellison (Ed.), The psychotherapist's guide to pharmacotherapy (pp.51-79). St. Louis: Mosby-Year Book.

Zeig, J. (Ed.) (1982). Ericksonian approaches to hypnosis and psychotherapy. New York: Brunner/Mazel.

Zimet, C. N. (1989). The mental health care revolution: Will psychology survive? American Psychologist, 44, 703-708.

Zubin, J. (1989). Use of research instruments in psychopathological assessment: Some historical perspectives. In S. Wetzler (Ed.), Measuring mental illness: Psychometric assessment for clinicians (pp.21-43). Washington, DC: American Psychiatric Press.

culturally diverse populations. In A. E. Bergin & S. L. Garfield (Eds.), Handbook of psychotherapy and behavior change (4th ed.) (pp.783-817). New York: Wiley.

Talmon, M. (1990). Single-session therapy: Maximizing the effect of the first (and often only) therapeutic encounter. San Francisco: Jossey-Bass.

Todd, T. C., & Selekman, M. D. (1991). Family therapy approaches with adolescent substance abusers. Needham Heights, MA: Allyn & Bacon.

Townsend, J. H. (1992). The task of balancing high-quality care with cost-effectiveness. Strategies and Solutions, 1, 12-14.

Ursano, R. J., Sonnenberg, S. M., & Lazar, S. G. (1991). Concise guide to psychodynamic psychotherapy. Washington, DC: American Psychiatric Press.

Walter, J. L., & Peller, J. E. (1992). Becoming solution focused in brief therapy. New York: Brunner/Mazel.

Watzlawick, P., Weakland, J., & Fisch, R. (1974). Change. New York: Norton. （長谷川啓三訳：変化の原理. 法政大学出版局，19.）

Weakland, J. H., & Fisch, R. (1992). Brief therapy-MRI style. In S. H. Budman, M. F. Hoyt, & S. Friedman (Eds.), The first session in brief therapy (pp.306-324). New York: Guilford.

Weeks, G. R., & Treat, S. (1992). Couples in treatment: Techniques and approaches for effective practice. New York: Brunner/Mazel.

Weissman, M. M., & Markowitz, J. A. (1994). Interpersonal psychotherapy: Current status. Archives of General Psychiatry, 51, 599-606.

Wells, R. A. (1993). Clinical strategies in brief psychotherapy. In R. A. Wells & V. J. Gianetti (Eds.), Casebook of the brief psychotherapies (pp.3-17). New York: Plenum.

Wells, R. A., & Gianetti, V. J. (Eds.) (1990). Handbook of the brief psychotherapies. New York: Plenum.

Wells, R. A., & Gianetti, V. J. (Eds.) (1993). Casebook of the brief psychotherapies. New York: Plenum.

Psychiatry, 20(3), 211-217.

Shaw, B. F., Katz, J., & Siotis, I. (1993). Cognitive therapy of unipolar depression. In R. A. Wells & V. J. Gianetti (Eds.), Casebook of the brief psychotherapies (pp.77-90). New York: Plenum.

Shearin, E. N., & Linehan, M. M. (1989). Dialectics and behavior therapy: A metaparadoxical approach to the treatment of borderline personality disorder. In L. M. Ascher (Ed.), Therapeutic paradox (pp.255-287). New York: Guilford.

Sifneos, P. S. (1992). Short-term anxiety-provoking therapy: A treatment manual. New York: Basic Books.

Skynner, R. (1981). An open-systems, group-analytic approach to family therapy. In A. S. Gurman & D. P. Kniskern (Eds.), Handbook of family therapy, Vol. 1 (pp.39-85). New York: Brunner/ Mazel.

Sledge, W. H., Moras, K., Hartley, D., & Levine, M. (1990). Effect of time-limited therapy on patient drop-out rates. American Journal of Psychiatry, 147, 1341-1347.

Smith, M. L., Glass, G. V., & Miller, T. I. (1980). The benefits of psychotherapy. Baltimore: Johns Hopkins University Press.

Smyrnios, K. X., & Kirby, R. J. (1993). Long-term comparison of brief versus unlimited psychodynamic treatments with children and their parents. Journal of Consulting and Clinical Psychology, 61, 1020-1027.

Sowell, T. (1994). Race and culture: A world view. New York: Basic Books.

Staples, F. R., Sloan, R. D., Whipple, K., Cristol, A. H., & Yorkston, N. (1976). Process and outcome in psychotherapy and behavior therapy. Journal of Consulting and Clinical Psychology, 44, 340-350.

Strupp, H. H., & Binder, J. L. (1984). Psychotherapy in a new key: A guide to time-limited dynamic psychotherapy. New York: Basic Books.

Sue, S., & Zane, N. (1987). The role of culture and cultural techniques in psychotherapy. American Psychologist, 42(1), 37-45.

Sue, S., Zane, N., & Young, K. (1994). Research on psychotherapy with

J. Gianetti (Eds.), Casebook of the brief psychotherapies (pp.287-303). New York: Plenum.
Prochaska, J. 0. (1992). In search of how people change: Applications to addictive behaviors. American Psychologist, 47, 1102-1114.
Reid, W. J. (1990). An integrative model for short-term treatment. In R. A. Wells & V. J. Gianetti (Eds.), Handbook of the brief psychotherapies (pp.55-77). New York: Plenum.
Richardson, L. M., & Austad, C. 5. (1991). Realities of mental health practice in managed care settings. Professional Psychology: Research and Practice, 22(1), 52-59.
Rubin, S. S., & Niemeier, D. L. (1992). Non-verbal affective communication as a factor in psychotherapy. Psychotherapy, 29, 596-602.
Sabin, J. E. (1991). Clinical skills for the 1990's: Six lessons from the HMO practice. Hospital and Community Psychiatry, 42(6), 605-608.
Sachs, J. S. (1983). Negative factors in brief psychotherapy: An empirical assessment. Journal of Consulting and Clinical Psychology, 51(4), 557-564.
Schaefer, C. E., & Miliman, H. L. (1982). How to help children with common problems. St. Louis: Plume.
Scheidlinger, S. (1984). Short-term group therapy for children: An overview. International Journal of Group Psychotherapy, 34, 573-585.
Segal, L. (1991). Brief therapy: The MRI approach. In A. S. Gurman & D. P. Kniskern (Eds.), Handbook of family therapy, Vol. 2 (pp.171-199). New York: Brunner/Mazel.
Selekman, M. D. (1991). The solution-oriented parenting group: A treatment alternative that works. Journal of Strategic and Systemic Therapies, 10, 37-50.
Shapiro, D. A., & Shapiro, D. (1982). Meta-analysis of comparative outcome studies: A replication and refinement. Psychological Bulletin, 92, 581-604.
Shapiro, F. (1989). Eye movement desensitization: A new treatment of post-traumatic stress disorder. Journal of Behavior Therapy and Experimental

questionnaire. Evaluation and Program Planning, 6, 299-313.
O'Hanlon, W. H., & Wilk, J. (1987). Shifting contexts. New York: Guilford.
O'Hanlon, W. H., & Weiner-Davis, M. (1989). In search of solutions. A new direction in psychotherapy. New York: Norton.（原口葉一郎監訳：解決志向ブリーフセラピー入門. 金剛出版，近刊.）
Omer, H. (1994). Critical interventions in psychotherapy. New York: Norton.
Orlinsky, D. E., & Howard, K. I. (1986). Process and outcome in psychotherapy. In S. L. Garfield & A. E. Bergin (Eds.), Handbook of psychotherapy and behavior change (3rd ed.) (pp.311-381). New York: Wiley.
Peake, T. H., & Borduin, C. M., & Archer, R. P. (1988). Brief psychotherapies: Changing frames of mind. Beverly Hills, CA: Sage.
Pekarik, G. (1983). Improvement in clients who have given different reasons for dropping out of treatment. Journal of Clinical Psychology, 39, 909-913.
Pekarik, G. (1990a). Brief therapy training manual. Topeka, KS: Washburn University.
Pekarik, G. (1990b, January). Rationale, training, and implementation of time-sensitive treatments. Presentation to Executive Directors, MCC Companies, Inc. Minneapolis, MN.
Pekarik, G., & Finney-Owen, G. K. (1987). Psychotherapist's attitudes and beliefs relevant to client drop-out. Community Mental Health Journal, 23(2), 120-130.
Pekarik, G., & Wierzbicki, M. (1986). The relationship between expected and actual psychotherapy duration. Psychotherapy, 23, 532-534.
Persons, J. B. (1991). Psychotherapy outcome studies do not accurately represent current models of psychotherapy. American Psychologist, 46(2), 99-106.
Peters, T., & Waterman, R. (1982). In search of excellence: Lessons from America's best run companies. New York: Harper & Row.
Phelps, P. A. (1993). The case of oppositional cooperation. In R. A. Wells & V.

York: Plenum.

Lipke, H. J., & Botkin, A. L. (1992). Case studies of eye movement desensitization and reprocessing (EMDR) with chronic posttraumatic stress disorder. Psychotherapy, 29(4), 591-594.

Logue, M. B., Sher, K. J., & Frensch, P. A. (1992). Purported characteristics of adult children of alcoholics: A possible "Barnum Effect." Professional Psychology. Research and Practice, 23, 226-232.

Madanes, C. (1981). Strategic family therapy. San Francisco: Jossey-Bass.

Mahoney, M. J. (1993). Theoretical developments in the cognitive psychotherapies. Journal of Consulting and Clinical Psychology, 61, 187-193.

Malan, J. (1963). A study of brief psychotherapy. London: Tavistock.

Mann, J. (1973). Time-limited psychotherapy. Cambridge: Harvard University Press.

McAuley, E., Poag, K., Gleason, A., & Wraith, S. (1990). Attrition from exercise programs: Attributional and affective perspectives. Journal of Social Behavior and Personality, 5(6), 591-602.

Minuchin, S., & Fishman, H. C. (1981). Family therapy techniques. Cambridge: Harvard University Press.

Mohl, P. C., Martinez, D., Ticknor, C., Huang, M., & Cordell, L. (1991). Early drop-outs from psychotherapy. Journal of Nervous and Mental Disease, 179, 478-491.

National Institute of Mental Health (1981). Provisional data on federally funded community mental health centers 1978-79. Report prepared by the Survey and Reports Branch, Division of Biometry and Epidemiology. Washington, DC: US Government Printing Office.

Neill, J. R., & Kniskern, D. P. (Eds.) (1982). From psyche to system.~ The evolving therapy of Carl Whitaker. New York: Guilford.

Nguyen, T. D., Atkisson, C. C., & Stegner, B. L. (1983). Assessment of patient satisfaction: Development and refinement of a service evaluation

大野訳：うつ病の対人関係療法. 岩崎学術出版社, 1997.)
Koss, M. P., & Butcher, J. N. (1986). Research on brief therapy. In S. L. Garfield & A. E. Bergin (Eds.), Handbook of psychotherapy and behavior change (3rd ed.) (pp.627-670). New York: Wiley.
Koss, M. P., & Shiang, J. (1994). Research on brief therapy. In A. E. Bergin & S. L. Garfield (Eds.), Handbook of psychotherapy and behavior change (4th ed.) (pp.664-700). New York: Wiley.
Kramer, M. (1989). Making sense of wine. New York: Morrow.
Kreilkamp, T. (1989). Intermittent time-limited therapy with children and families. New York: Brunner/Mazel.
Lambert, M. J., & Bergin, A. E. (1994). The effectiveness of psychotherapy. In A. E. Bergin & S. L. Garfield (Eds.), Handbook of psychotherapy and behavior change (4th ed.) (pp.143-190). New York: Wiley.
Lambert, M. J., Shapiro, D. A., & Bergin, A. E. (1986). The effectiveness of psychotherapy. In S. L. Garfield & A. E. Bergin (Eds.), Handbook of psychotherapy and behavior change (3rd ed.) (pp.157-211). New York: Wiley.
Lankton, S. R., Lankton, C. H., & Matthews, W. J. (1991). Ericksonian family therapy. In A. S. Gurman & D. P. Kniskern (Eds.), Handbook of family therapy, Vol. 2 (pp.239-283). New York: Brunner/Mazel.
Lazarus, L. W. (1982). Brief psychotherapy for narcissistic disturbances. Psychotherapy, 19, 228-236.
Lehman, A. K., & Salovey, P. (1990). An introduction to cognitivebehavior therapy. In R. A. Wells & V. J. Gianetti (Eds.) (1990), Handbook of the brief psychotherapies (pp.239-259). New York: Plenum.
Leibovich, M. (1981). Short-term psychotherapy for the borderline personality disorder. Psychotherapy and Psychosomatics, 2, 57-64.
LeShan, L. (1990). The dilemma of psychology. New York: Dutton.
Levy, R. L., & Shelton, J. L. (1990). Tasks in brief therapy. In R. A. Wells & V. J. Gianetti (Eds.), Handbook of the brief psychotherapies (pp.145-163). New

Wiley.
Hollon, S. D., DeRubeis, R. J., Evans, M. D., Wiemer, M. J., Garvey, M. S., Grove, W. M., & Tuason, W. B. (1992). Cognitive therapy and pharmacotherapy for depression: Singly and in combination. Archives of General Psychiatry, 49, 774-781.
Howard, K. I., Kopta, S. M., Krause, M. S., & Orlinsky, D. E. (1986). The dose-effect relationship in psychotherapy. American Psychologist, 41, 159-164.
Hoyt, M. F. (1987). Resistance to brief therapy. American Psychologist, 42, 408-409.
Hoyt, M. F., Rosenbaum, R., & Talmon, M. (1992). Planned single-session psychotherapy. In S. H. Budman, M. F. Hoyt, & S. Friedman, The first session in brief therapy (pp.59-86). New York: Guilford.
Hudson, P. 0., & O'Hanlon, W. H. (1992). Rewriting love stories. Brief marital therapy. New York: Norton.
Johnson, L. D. (1989). Developments in interview techniques. Unpublished monograph.
Johnson, L. D. (1990). Using language for change. Unpublished monograph.
Johnson, L. D. (1991a, September). Practical brief psychotherapy: Problems and solutions. Workshop, St. Paul, MN.
Johnson, L. D. (1991b). On time in brief therapy. Unpublished monograph.
Johnson, L. D. (1992). Homework assignments. Unpublished monograph.
Johnson, L. D., & Miller, S. D. (1994). Modification of depression risk factors: A solution-focused approach. Psychotherapy, 31, 244-253.
Jones, E. E., & Pulos, S. M. (1993). Comparing the process in psychodynamic and cognitive-behavioral therapies. Journal of Consulting and Clinical Psychology, 61(2), 306-316.
Klein, R. H. (1985). Some principles of short-term group therapy. International Journal of Group Psychotherapy, 35, 309-329.
Klerman, G. L., Weissman, M. M., Rounsaville, B. J., & Chevron, E. S. (1984). Interpersonal therapy of depression. New York: Basic Books. (水島，嶋田，

Gianetti, (Eds.), Handbook of the brief psychotherapies (pp.513-536). New York: Plenum.
Giles, T. R. (1992). Brief therapy. Strategies and Solutions, 1, 10-12.
Gitlin, M. J. (1990). The psychotherapist's guide to psychopharmacology. New York: Free Press.
Goleman, D. (1993, October 17). Placebo more powerful than was thought, study finds. Minneapolis Star Tribune, p.17E.
Greenberg, R. P., Bornstein, R. F., Greenberg, M. D., & Fisher, S. (1992a). A meta-analysis of antidepressant outcome under "blinder" conditions. Journal of Consulting and Clinical Psychology, 60, 664-669.
Greenberg, R. P., Bornstein, R. F., Greenberg, M. D., & Fisher, S. (1992b). As for the kings: A reply with regard to depression subtypes and antidepressant response. Journal of Consulting and Clinical Psychology, 60, 675-677.
Gurman, A. S., & Kniskern, D. P. (Eds.) (1991). Handbook of family therapy, Vol. 2. New York: Brunner/Mazel.
Gustafson, J. P. (1986). The complex secret of brief psychotherapy. New York: Norton.
Haley, J. (1991). Problem-solving therapy (2nd ed.). San Francisco: Jossey-Bass.
Hawton, K., Salkovskis, P. M., Kirk, J., & Clark, D. M. (Eds.) (1989). Cognitive behaviour therapy for psychiatric problems: A practical guide. Oxford: Oxford University Press.
Henry, W. P., Strupp, H. H., Schact, T. B., & Gaston, L. (1994). Psychodynamic approaches. In A. E. Bergin & S. L. Garfield (Eds.), Handbook of psychotherapy and behavior change (4th ed.) (pp.428-467). New York: Wiley.
Hollon, S. D., & Beck, A. T. (1994). Cognitive and cognitivebehavioral therapies. In A. E. Bergin & S. L. Garfield (Eds.), Handbook of psychotherapy and behavior change (4th ed.) (pp.428-467). New York:

terminations after one counseling session: Effects of problem recognition, counselor gender, and counselor experience. Journal of Counseling Psychology, 30, 307-315.
Ferenczi, S. (1920). The further development of an active therapy in psychoanalysis. In J. Richman (Ed.) (1960), Further contributions to the theory and techniques of psychoanalysis (pp.198-216). London: Hogarth.
Fine, S., Gilbert, M., Schmidt, L., Haley, G., Maxwell, A., & Forth, A. (1989). Short-term group therapy with depressed adolescent outpatients. Canadian Journal of Psychiatry, 34, 97-102.
Fisch, R. (1990). The broader interpretation of Milton Erickson's work. In S. Lankton (Ed.), The Ericksonian monographs, No.7, The issue of broader implications of Ericksonian therapy (pp.1-5). New York: Brunner/Mazel.
Fisch, R., Weakland, J., & Segal, L. (1982). The tactics of change: Doing therapy briefly. San Francisco: Jossey-Bass.
Frank, J. D. (1974). Persuasion and healing. New York: Schocken.
Freeman, A., & Dattilio, F. M. (Eds.) (1992). Comprehensive casebook of cognitive therapy. New York: Plenum.
Friedman, S. (1992). Constructing solutions (stories) in brief family therapy. In S. H. Budman, M. F. Hoyt, & S. Friedman (Eds.), The first session in brief therapy (pp.282-306). New York: Guilford.
Garfield, S. L. (1978). Research on client variables in psychotherapy. In S. L. Garfield & A. F. Bergin (Eds.), Handbook of psychotherapy and behavior change (2nd ed.) (pp.271-298). New York: Wiley.
Garfield, S. L. (1986). Research on client variables in psychotherapy. In S. L. Garfield & A. E. Bergin (Eds.), Handbook of psychotherapy and behavior change (3rd ed.) (pp.213-256). New York: Wiley.
Garfield, S. L. (1994). Research on client variables in psychotherapy. In A. E. Bergin & S. L. Garfield (Eds.), Handbook of psychotherapy and behavior change (4th ed.) (pp.190-229). New York: Wiley.
Garvin, C. D. (1990). Short-term group therapy. In R. A. Wells & V. J.

New York: Harper Perennial.
Davanloo, H. (1979). Techniques of short-term psychotherapy. Psychiatric Clinics of North America, 2, 11-22.
de Shazer, S. (1985). Keys to solution in brief therapy. New York: Norton. (小野直広訳：短期療法解決の鍵. 誠信書房, 1994.)
de Shazer, S. (1988). Clues: Investigating solutions in brief therapy. New York: Norton.
de Shazer, S. (1991a). Foreword. In Y. M. Dolan, Resolving sexual abuse. New York: Norton.
de Shazer, S. (1991b). Putting difference to work. New York: Norton. (小森康永訳：ブリーフセラピーを読む. 金剛出版, 1994.)
Derogatis, L. (1983). SCL-90-R Manual II. Towson, MD: Clinical Psychometric Research.
Dixon, S. D., & Stein, M. 5. (1992). Encounters with children: Pediatric behavior and development (2nd ed.). St. Louis: Mosby-Year Book.
Dolan, Y. M. (1991). Resolving sexual abuse. New York: Norton.
Donovan, J. M. (1987). Brief dynamic psychotherapy: Toward a more comprehensive model. Psychiatry, 50, 167-183.
Dossey, L. (1993). Healing words. New York: Harper Collins.
Dubovsky, S. L. (1993, September). Treatment resistant depression: Psychotherapy and pharmacology. Paper presented at annual meeting of Park Nicollet Medical Center, Minneapolis, MN.
Eckert, P. (1993). Acceleration of change: Catalysts in brief therapy. Clinical Psychology Review, 13(3), 241-253.
Ellis, A. (1992). Brief therapy: The rational-emotive method. In S. H. Budman, M. F. Hoyt, & S. Friedman (Eds.), The first session in brief therapy (pp.36-59). New York: Guilford.
Ellis, A., & Grieger, R. (Eds.) (1977). Handbook of rational-emotive therapy (Vol. 1). New York: Springer.
Epperson, D. L., Bushway, D. J., & Warman, R. F. (1983). Client self-

26(1), 107-124.
Bloom, B. L. (1992). Planned short-term psychotherapy: A clinical handbook. Boston: Allyn & Bacon.
Brazelton, T. B. (1975). Anticipatory guidance. Pediatric Clinics of North America, 222, 533-544.
Broderick, C. B. & Schrader, S. S. (1981). The history of professional marriage and family therapy. In A. S. Gurman & D. P. Kniskern (Eds.), Handbook of family therapy (pp.5-38). New York: Brunner/Mazel.
Broskowski, A. (1991). Current mental health care environments: Why managed care is necessary. Professional Psychology. Research and Practice, 22(1), 6-14.
Budman, S. (1989, August). Training experienced clinicians to do brief treatment-silk purses into sow's ears. Paper presented at the 97th annual convention of the American Psychological Association, New Orleans, LA.
Budman, S. H., & Gurman, A. S. (1988). Theory and practice of brief therapy. New York: Guilford.
Budman, S. H., Hoyt, M. F., & Friedman, S. (Eds.) (1992). The first session in brief therapy. New York: Guilford.
Burns, D. D. (1990). The feeling good handbook. New York: Plume.
Butler, S. F., Strupp, H. H., & Binder, J. L. (1992). Time-limited dynamic psychotherapy. In S. H. Budman, M. F. Hoyt, & S. Friedman, The first session in brief therapy (pp.87-110). New York: Guilford.
Cade, B., & O'Hanlon, W. H. (1993). A brief guide to brief therapy. New York: Norton.
Cooper, J. F., & Thelen, M. (1991). Preferred provider organizations and independent practice organizations in managed health care: Implications for mental health practitioners. Unpublished manuscript.
Crits-Cristoph, P., & Barber, J. P (Eds.) (1991). Handbook of short-term dynamic psychotherapy. New York: Basic Books.
Csikszentmihalyi, M. (1990). Flow: The psychology of optimal experience.

Beier, E. G., & Young, D. M. (1984). The silent language of psychotherapy (2nd ed.). New York: Aldine de Gruyter.

Bennett, M. J. (1988). The greening of the HMO: Implications for prepaid psychiatry. American Journal of Psychiatry, 145, 1544-1549.

Berg, I. K., & Miller, S. D. (1992a). Dying well: A case presentation of solution-focused therapy. Audiotape. Milwaukee: Brief Family Therapy Center.

Berg, I. K., & Miller, S. D. (1992b). Working with the problem drinker: A solution-focused approach. New York: Norton.（斎藤学監訳／白木，田中，信田訳：飲酒問題とその解決――ソリューション・フォーカスト・アプローチ. 金剛出版，1995.）

Bergin, A. E., & Garfield, S. L. (1994). Overviews, trends and future issues. In A. E. Bergin & S. L. Garfield (Eds.), Handbook of psychotherapy and behavior change (4th ed.) (pp.821-830). New York: Wiley.

Bergman, J. S. (1985). Fishing for barracuda: Pragmatics of brief systemic therapy. New York: Norton.

Berkman, A. S., Bassos, C. A., & Post, L. (1988). Managed mental care and independent practice: A challenge to psychology. Psychotherapy: Theory, Research, and Practice, 25, 449-454.

Beutler, L. E. (1991). Have all won and must all have prizes? Revisiting Luborsky et al.'s verdict. Journal of Consulting and Clinical Psychology, 59, 1-7.

Beutler, L. B., Crago, M., & Arizmendi, T. G. (1986). Therapist variables in psychotherapy process and outcome. In S. L. Garfield & A. B. Bergin (Eds.), Handbook of psychotherapy and behavior change (3rd ed.) (pp.257-310). New York: Wiley.

Black, E. (1981, November 12). Practice of RET is as rational as saying your ABCs. Minneapolis Tribune, pp.1C, 4C.

Bloom, B. L. (1990). Managing mental health services: Some comments on the overdue debate in psychology. Community Mental Health Journal,

参考文献

Adams, J. F., Piercy, F. P., & Jurich, A. (1991). Effects of solution focused therapy's "formula first session task" on compliance and outcome in family therapy. Journal of Marital and Family Therapy, 17, 277-290.

Alexander, F., & French, T. M. (1946). Psychoanalytic therapy: Principles and applications. New York: Ronald Press.

Aponte, H. J. (1992). The black sheep of the family: A structural approach to brief therapy. In S. H. Budman, M. F. Hoyt, & S. Friedman (Eds.), The first session in brief therapy (pp.324-345). New York: Guilford.

Aronson, E. (1992). The social animal (6th ed.). New York: Freeman.（古畑和子監訳／岡隆，亀田達也訳：ザ・ソーシャル・アニマル――人間行動の社会心理学的研究. サイエンス社，1994.）

Ascher, L. M. (Ed.) (1989). Therapeutic paradox. New York: Guilford.

Auden, W. H., & Kronenberger, L. (Eds.) (1962). The Viking book of aphorisms. New York: Dorset Press.

Barlow, D. H. (1988). Anxiety and its disorders: The nature and treatment of anxiety and panic. New York: Guilford.

Barlow, D. H., & Craske, M. G. (1989). Mastery of your anxiety and panic. Albany, NY: Graywind Publications.

Beck, A. T. (1976). Cognitive therapy and emotional disorders. New York: International Universities Press.(大野裕訳：認知療法. 岩崎学術出版社，1990.)

Beck, A. T., Freeman, A. et al. (1990). Cognitive therapy of personality disorders. New York: Guilford.（井上和臣監訳：人格障害の認知療法. 岩崎学術出版社，1997.）

Beck, A. T., Wright, F. D., & Newman, C. F. (1992). Cocaine abuse. In A. Freeman & F. M. Dattilio (Eds.), Comprehensive casebook of cognitive therapy (pp.185-192). New York: Plenum.

〈ま〉

〈や〉

〈ら〉

〈た〉

〈さ〉

索　　引

■訳者略歴

岡本吉生（おかもとよしお）

1979 年　京都府立大学文学部卒業

1980 年　家裁調査官補（大阪家裁堺支部）

1983-1997 年　家裁調査官

1993 年　Mental Research Institute 留学

1997 年　筑波大学大学院修士課程修了

現在，埼玉県立大学保健医療福祉学部助教授

日本犯罪心理学会理事，国際カウンセリング協会理事

著訳書：「危機に立つ家族」（共著，学事出版），「カウンセリング辞典」（編集訳，ブレーン出版），「治療としての会話：ヘイリーの心理療法コンサルテーション」（訳，金剛出版）他

藤生英行（ふじうひでゆき）

1983 年　埼玉大学教育学部卒業

1985 年　東京学芸大学大学院修士課程教育学研究科学校教育専攻臨床心理学講座修了

1992　年筑波大学大学院博士課程心理学研究科心理学専攻修了。博士（心理学）

1992 年　筑波大学技官，1993 年同大助手，1995 年同大学校教育部講師，1997 年同大助教授を経て，

現在，上越教育大学学校教育学部助教授

現在，児童・生徒のメンタルヘルスに関する研究，発達臨床心理学に関する研究に従事。日本心理学会，日本教育心理学会，日本発達心理学会，日本カウンセリング学会，日本心理臨床学会，日本母性衛生学会，American Psychological Association 会員

ブリーフ・セラピーの原則
実践応用のためのヒント集

2001年6月30日　発行
2002年9月30日　二刷

著　者　J・F・クーパー
訳　者　岡本吉生・藤生英行
発行者　田中春夫

印刷所　誠信社　製本　誠製本

発行所　株式会社 金剛出版
〒112-0005　東京都文京区水道1-5-16
Tel.03-3815-6661（代）　Fax.03-3818-6848

ISBN4-7724-0696-4